紹興大典 史部

康熙會稽縣志 2

中華書局

會稽縣志卷第十

田賦志中　舊志

均平錄　均差　諸鈔　鹽課

聞諸長老云田賦之法莫善於今之一條鞭矣第慮其不終耳其意大約謂均平之始行也下諸縣長吏自爲議縣長吏以上方崇儉奈何令巳獨冒奢之嫌乃忽取其疑於奢者一切裁罷之以報而今者每一舉動或承上片檄則往往顧私篋而賜踏掌稟之吏與舖肆之人且愁見及矣至於僱役

之繁且苦若倉傳者亦往往直不稱勞莫肯應募故長老相與言曰誠能吏派數百金於概邑不過畝費一毫釐不然行見千百年之大利坐變矣何者圖甋丁者將乘其隙而陰壞之也始正統間御史朱英創爲十年一役議當時便之今僅百餘年乃更之害反甚志民患者慎毋謂畝惜一毫釐使圖甋者得乘之以變其良法則幸甚矣　徐渭

均平錄

三辦共銀五千六百五十一兩八錢六分八厘四

毫八絲八忽

〔額辦銀〕二百四十一兩八錢七分九厘四毫一絲

內桐油銀一十九兩八分四厘麂皮狐狸皮銀二兩四錢弓箭弦條銀一百四十九兩七錢六分八厘一絲胖襖銀五十四兩一錢五分九厘八毫藥材銀九兩七錢九分四厘八毫農桑絹銀六兩六錢七分二厘八毫

坐辦銀二千七百八十二兩五錢一分一厘三毫

內水牛底皮等料銀一百一十一兩一錢八分四

釐六毫曆日紙銀四十兩五錢七分三釐八毫有
閏加銀二錢一分八釐五毫軍器料銀六十兩八
錢四分六釐八毫淺船料銀四百七兩三錢八分
三毫段匹銀三百五十五兩七錢八分五釐五毫
有閏加銀二十二兩九分七釐五毫六絲二忽八
微四塵二渺六漠漆木料銀六兩三錢八分二毫
四絲工料銀四百二十兩三錢果品銀一十二兩
二分三釐七毫牲口銀二十三兩一錢七分六釐
八毫蠟茶銀三百四十四兩八錢五分九釐六毫

〔雜辦銀〕三千六百二十七兩四錢七分七釐七毫七絲八忽內科舉禮幣進士舉人牌坊銀九十一兩四錢七分四釐七毫四絲三忽預備上司各衙門書手工食銀二兩九錢七分軍器路費銀五兩七錢四釐四毫上司各衙門新官到任隨衙下道家伙祭祀猪羊品物等項銀七兩一錢三分七釐七毫修理衛所城垣民七料銀三十兩四錢三分一釐武舉銀六錢一分戰船民六料銀五十三兩五錢四分八釐八毫茶芽黃絹袋袱旗號雙扛紙

劄路費銀二十兩本府祭祀銀一百三十四兩三錢二分內文廟二祭共銀七十六兩本縣該銀三十兩四錢啓聖公祠二祭共銀一十二兩本縣該銀四兩八錢名宦鄉賢祠各二祭共銀一十六兩本縣該銀六兩四錢社稷山川壇各二祭共銀五十二兩本縣該銀二十兩八錢郡厲壇三祭并白太守墓一祭共銀四十兩本縣該銀一十六兩夏禹王二祭共銀三十兩本縣該銀一十二兩南鎮二祭共銀三十兩本縣該銀一十二兩武肅王二

祭共銀八兩七錢五分本縣該銀三兩五錢越王
祠二祭共銀八兩七錢五分本縣該銀三兩五錢
尹和靖二祭共銀六錢本縣該銀二錢四分陽明
祠稽山書院徵愛祠孫忠烈祠劉公祠湯公祠各
二祭每祭銀五兩一錢四分一厘七毫共銀六十
一兩七錢本縣該銀二十四兩六錢八分本縣祭
祀銀七十一兩內文廟釋奠二祭共銀二十六兩
啓聖公祠二祭共銀一十二兩鄉賢祠二祭共銀
八兩四烈祠二祭共銀三兩三錢唐將軍二祭共

銀八兩曹娥孝女祠二祭共銀八兩城隍土地祠各二祭共銀五兩七錢諭祭夏禹王南鎮宋孝宗理宗三年一次每祭銀四十兩共銀一百六十兩本縣每年該銀二十一兩三錢二分本府鄉飲酒禮銀三十兩賃用家伙銀一兩六錢共銀三十一兩六錢孤老布花木柴銀一百五十九兩表箋綾函紙劄工食銀一兩九分三厘三絲五忽表箋委官賫捧盤費銀一兩八錢七分五厘拜進香燭錢一錢九分二厘共銀二兩六分七厘本府拜賀

萬壽冬至正旦令節并習儀香燭銀三錢八分四
厘迎春芒神土牛春花春鞭三牲酒席銀五兩三
錢八厘門神桃符銀三兩二錢三察院按臨廚門
米菜銀二兩四錢三察院考試生員卷果餅花紅
紙劄筆墨府學銀八兩縣學銀三十兩共銀三十
八兩恤刑按臨心紅紙劄油燭柴炭并門皂廚役
工食米菜銀一兩九分分守道經臨心紅紙劄柴
炭油燭并門皂工食米菜銀一十五兩一錢三分
二厘兵巡道駐劄油燭柴炭并門皂工食米菜銀

一十六兩五錢五分上司及鄰境府縣并本府經過合用心紅紙劄油燭柴炭門廚米菜銀六十六兩三察院查盤委官心紅紙劄油燭柴炭并門皂工食銀三十兩三錢八分四厘上司按臨并本府朔望行香講書紙劄筆墨銀五兩本縣銀五兩共一十兩送府下程銀九十二兩一錢六分縣送油燭柴炭銀一十六兩三錢二分共銀一百八兩四錢八分兵巡道駐劄七夫支際下程酒席銀四兩提學道按臨考試心紅紙劄油燭柴炭并門皂工

食米菜銀七兩三錢七分六厘歲考生員試卷果
餅花紅紙劄筆墨府學銀七兩縣學銀三十五兩
共銀四十二兩季考生員試卷果餅花紅紙劄府
學銀一十二兩縣學銀六十兩共銀七十二兩歲
貢生員正陪路費花紅旗匾酒禮府學銀四兩縣
貢銀四兩五錢共銀八兩五錢起送科舉生員路
費花紅酒席府學銀六兩六錢縣學銀三十六兩
七錢四分六厘七毫共銀四十三兩二錢四分六
厘七毫迎宴新舉人旗匾花紅彩段酒席本府銀

一十二兩三錢三分四厘本縣銀一十二兩共銀二十四兩三錢三分四厘起送會試舉人路費卷資酒席本府銀四兩二錢八分四厘四毫本縣銀二十兩共銀二十四兩二錢八分四厘四毫賀新進士旗匾彩段酒禮府縣各該銀六兩六錢六分六厘七毫共銀一十三兩三錢三分三厘四毫兵廵道新任祭門猪羊酒果香燭銀一兩三錢二分本縣銀一兩六錢五分本府酒席銀一兩四錢四分本縣銀一兩二錢通共銀五兩六錢一分本府

憲　朝起程復任酒席銀四錢八分本縣銀八錢
本府陞遷給由酒席銀一兩四錢本縣銀一兩二
錢通共銀三兩八錢八分本府新官到任修理衙
宇銀四兩本縣銀九兩共銀一十三兩修理府城
分司公館銀六十四兩修理府縣廳堂公廨監房
教場養濟院等處工料銀本府四十兩本縣銀六
十兩共銀一百兩城垣畫圖紙劄顏料銀六錢上
司并府縣卷箱架扛鎖索櫻畢銀一十四兩府城
分司公館置備家伙每甲該銀一十六兩六錢六

分六釐六毫本縣心紅紙劄等項本府銀四十兩本縣銀一百八兩共銀一百四十八兩見年里甲人戶由帖紙劄銀一兩二錢一分本府理刑廳皂隸工食銀六兩本縣官船水手五名共銀三十兩人夫工食銀一千一百三十五兩五錢三分二釐經過使客皂隸工食銀三百兩馬匹草料并馬夫工食銀一百五十兩船價并稍夫工食銀二百七十兩預備雜用銀二百兩

均平考　浙江等處承宣布政使司爲節冗費定法守以蘇里甲事准本司督理糧儲道右參

政張按察司帶晉清軍驛傳道副使楊于本嘉靖四十五年五月二十六日辰時抄蒙巡按浙江監察御史龐案驗竊惟爲政以愛民爲本而愛民以節用爲先蓋財用不節則橫歛交征而公私坐困矣兩浙自兵興以來公家之賦役日繁閭閻之困苦已極若非督察郡縣頁有司愛養撙節其何以堪命乎本院自入境以來周詢博訪凡可仰濟時艱少蘇民力莫不隨宜酌處悉已見諸施行其他積弊萬端有難縷舉惟里甲爲甚如供給買辦抵應私衙餽使客禮儀及鄉官夫皂與公私燕會酒席下程無一不取給焉有一日用銀二三十兩者甚有貪鄙官員計其日費不足常數即令折乾入已因而吏書等役亦各乘機誆索誅求萬狀在在有之就經案行布政司糧儲道布參政張各該守巡等道就事劑量從宜酌處通行會計各府州縣每年合用一應起存額坐雜三辦錢糧數目仍量編備用銀兩以給不虞之費俱于丁田內一體派徵名曰均平銀共所定數目固有盈于此而縮于

彼未必事事皆中一一周詳若損有餘而補不足因時裁酌隨事通融自足以供周歲之用其餘催徵出納之法供給支應之規俱有成議本院每巡歷所至質之父老萬口同詞率多稱便惟有司官吏多視爲厲己而欲去其籍若非題奉欽依著爲成法切恐時易勢殊不無朝令而夕改矣已經具疏題請奉旨該部看了來說欽此該戶部尚書高等逐欵開列前件覆議題奉旨依擬行欽此欽遵擬合刊布爲此案行二道照依案驗內事理卽便會同將各府州縣續議批允增損事宜再行酌議明白徑自改正及將各院節次批詳由語一并增入逐府類成書册仍行校閱明白一面行布政司動支本院項下贓罰銀兩集工備料刊刷裝訂題曰欽依兩浙均平錄分發三司各道并所屬府州縣各一體着實奉行永爲遵守等因并開條欵及發由帖票式到道蒙此案照先蒙本院案驗前事備行各道會同將杭州等十一府所屬州縣每年徵解一應錢糧及歲內一應支費備細查開及將

欵開事件相兼叅互大率倣效賦役成規補其闕畧要見某件可因某件可革某件尚有室礙某件尚未該載大約某縣每年共該用銀若干應否于丁田內一并審派務須即事稽查因人詢訪叅諸見聞之實定以畫一之規必使合于民情宜于土俗官民兩便經久可行仍用條分縷析開立欵目以憑裁奪其或于物理人情有不能已者亦要損益適宜更須稍存贏餘以便遵守等因并粘單欵蒙此就經會同行准守巡各道及據杭州等十一府各開送所屬州縣里甲額坐雜三辦一應錢糧文册前來隨該二道會同逐一叅酌如原議多者減之不足者益之不當派者裁之應加徵者增之與降發均平錄兩浙政議賦役成規叅互條分縷析造册具由通行呈蒙本院詳批據呈隨事經畫曲盡損益之宜眞可謂悉心民隱極力相成者矣即查照通行繳又蒙總督劉詳批據議周悉誠爲苦心但編派之法尤須斟酌得宜庶乎民情允協而公務可完也及查寧紹二府開報總兵叅總供

應廩給等項而杭嘉紹溫四府畧不言及此或有遺漏也仰各道查議務令事體歸一此繳奉經通行所屬遵照及查將總兵叅總供應等銀各府原派里甲者已議入冊其不派里甲者聽該府照舊支冊備由呈奉詳批如議行繳今蒙前因又經行准守巡各道并杭州等十一府及查開應增應減及未盡事宜文冊前來復該會同備查先冊失議今應加派原議不敷今應量增已經詳允遵行加增及原議有餘今應減免并奉文停免者重復細加參酌損益逐一改正明白合行刊布分發永爲遵守施行等因并送各府文冊到司准此隨該本司左布政使蔡爲查前項文錄事于因革所係匪輕茲欲刊布必須專委官員監督對讀庶免差悞以垂永久照得都事丁時濵在任堪委合無候呈詳允日將前各道送到文錄添註司衙發仰本官照式督同吏農用心楷書仍再加覆算銀數對讀字畫無差方行發匠刊刻完日仍與原冊查對明白刷印分布及送本院詳閱如此庶事體不致疎

畧而文錄埀欠無悞矣等因具由通行呈蒙批據
御史龐詳批照詳行徼總督劉詳批准照行徼奉
此擬合刊布永爲遵守施行須至文錄者〇計開
〇一審編均平丁田俱分守道每年預計合屬州
縣里甲未出役三箇月之前定委廉幹官員不拘
本衙門及府佐別州縣正官親行拘集該年里甲
人戸與實徵丁糧手册黄册逐戸甲審明實通計
合用本年額坐雜三辦一應銀數共該若干除官
員舉監生員吏承軍匠竈等項照例優免幷逃絕
人戸免編外其餘均平科派折田爲丁每丁該銀
若干某戸該銀若干一歲應納之數盡在其內完
日將審派人戸花名銀兩細數給示曉諭以便輸
納及造册繳道以備查考〇一給由帖所以一民
耳目凡委官審編丁田揭榜之後即照式刊刻由
帖每里甲分給一紙使各家喻戸曉知丁田銀兩
數目不致欺隱遺漏增減如有前弊許諸人告首
即問作弊之罪充賞首人各州縣仍置空白簿三
扇每扇以百篇爲率送分守道用印一扇發回本

縣收掌仍置一大櫃于公堂但遇里甲執由帖赴
納均平銀兩就令當堂投櫃封鎖記簿存照仍將
由帖註納數目日期掌印官親批完納給還備照
不得加取稱頭火耗一扇發領辦吏一扇發該吏
大事先期一月其餘先一二日照依原議給銀買
辦各登記支應數目季終循去環來繳該道查考
以防侵尅其收頭及坊里班頭名色悉行革除○
一庶務既不役里長支值各須得人每年各州縣
輪委各該實叅及候缺吏役以總理買辦立夫馬
頭以總理夫馬仍量事勢緩急查撥民壯幇同各
役實用其夫馬頭給工食以酬其勞掌印官仍不
時查理若有尅減即拏問招詳仍令各置印信簿
發與吏役及夫馬頭收執如某官經臨該送某號
下程該撥某則夫馬各照本縣發出刊刻小票依
數買辦撥送隨將用過銀兩摠日登記間有不收
不用者明白註扣還官以備查覈其或上司取辦
物件亦令承行該吏領銀照依時值兩平易買送
用不許給票指稱官價虧損舖行○一均平銀兩

苟輸納逾時未免支應告匱凡審編丁田之後即
坐委管糧官追徵勒限三箇月以裡完五分半年
以裡盡數完納本官仍依期赴分守道報數以憑
稽考如限中不完及不親赴該道報數參提問罪
住俸候完日開支如里中恃頑不納枷號究治○
杭州等十一府所屬州縣額坐雜三辦一應錢糧
將原額并近年加增應該起存等項成規開載相
同無容更議者開列于前次將本縣一應支費逐
欵各開銀數備列于後其間多寡損益俱載本條
項下猶恐別有意外之費各照縣分大小酌量另
派備用銀兩以給不虞之用總名之曰均平銀每
年一體徵完應起解者給批解納責限獲批繳照
應支銷者收貯縣庫聽候支用其里長止令勾攝
公務甲首悉放歸業此外再不許分毫重派以滋
別弊○一往年里甲供應官府日用下程初則買
辦供送後則算取折乾通行裁革不許踵襲舊弊
自玷官常其分撥坊里赴本府各衙荅應尤爲非
法守巡道不時稽查○一仁錢二縣原設坊頭等

役扛擡樽俎名曰火食扛悉已革除其外州縣原
非附省雖無奔走之煩然出入跟隨責令供給更
有甚于前項之費除通行禁革外其餘凡係一應
供費如下程酒席之類悉議入均平銀内一體派
徵○一附郭縣分如遇經過官員供送下程油燭
柴炭相沿已久勢所不免苟不愛惜撙節其于民
力何堪今後凡係附府各縣經過使客止許府送
下程縣送油燭柴炭其餘州縣亦要酌量經行仍
照依議定三等字號票式不得分外妄增虚靡費
可革財用自節矣○一餽送之禮邇年以後靡相尚
困累已極若不著爲成規未免任情濫用今刻定
三様字號票式如係九卿堂上翰林科道等官天
字號下程一副酌定用鵝二隻雞鴨共四隻魚四
尾猪蹄二隻京菓時菓各四色米一斗金酒一罈
青菜二盤油燭十枝柴四束炭二簍部屬寺評中
書行人方面副總叅遊都司等官填給地字號票
下程一副酌定用鵝一隻雞鴨共四隻魚二尾猪
蹄一隻京菓時菓各四色米八升時酒一罈青菜

一艘油燭八枝柴一束炭一簍運府州縣正堂填
給人字號票下程一副酌定用鷄鴨各二隻猪蹄
一方魚二尾京菓二色米五升時酒一小罈青菜
一盤油燭五枝柴二束炭一簍如遇使客經過責
令管理該吏照數買辦并具字號手本三帖供送
以免下人剋減間有不受如醃臘未宰并乾菓等
項仍舊收貯其餘有不堪頓放者暑月照原價十
分之三冬月追三分之二還官〇一宴會已經議
有規則約計每席連品物柴燭等項用銀三錢五
分其花段看席攢盒戲子俱裁革另刊成書冊通
行〇一夫馬除本省公差真正牌票冊李別議外
惟使客勘合開有例外增添騎數折乾幸各州縣
合將應付規則刊印票式預將各夫馬價逐一封
貯如遇大牌至日掌印官親便填給票支令夫馬
頭僱覓除親臨上司照牌答應外如光卿堂上翰
林科道等官應付水路座船上水五十名下水四
十名平水上下亦俱四十名站船上水二十五名
下水二十名平水上下亦俱二十名部屬寺評中

書行人進士方面副總叅遊祢司等官應付座船上水四十名下水三十名平水上下各三十名站船上水二十名下水十五名平水上下俱十五名運司府佐州縣正堂座船上水三十名下水二十名平水上下俱二十名站船上水十五名下水十五名平水上下俱十五名俱照驛傳道詳議事規縣驛遞共撥此數其陸路人夫馬匹照人照扛驗發若有剋減官價及擅增一夫一馬者罪坐各役與該吏仍追價還官○一人夫馬匹有議徵銀在官照差計日支給者有計程遠近支給者今議徵給一年工食與人夫并養馬之家有餘不足聽其走差答應者有稱州縣偏僻用馬不多照舊令糧里暫僱爲便不派均平者爲照各州縣地方衝僻水陸險易原俱不同程途遠近差撥繁簡亦并有别是以規則不能畫一如嚴州府之夫又該守巡道更議欲照舊規遞年里甲輸流差撥其間人戶或家道殷實及另有他役情愿徵銀在官與貧寒小民無力辦銀但愿服役者俱應備從其便庶可

宜于民情各關其于府縣項下○一夫馬頭只令催覔夫馬其應給工價各掌印官酌定數目先期包封用印鈐蓋取木箱收貯臨期照原封當面散給受覔之人不許落夫馬頭及該吏之手致有扣尅之弊○一各縣差撥河船俱係臨時剝鹵量給過關米即令裝送小民愁歎真不忍聞而出票差人取船其間賣放之弊更有不可勝言者今後通計每年用過船銀若干就于均平內派發貯庫若取船應用即照民間僱覔定價一體算給不許出票差人致有虧累小民不堪其上水下水遠差近差但聽守巡道酌議定價[illegible][illegible]揭榜于埠頭曉諭通知若有用船取用不照原價許不時赴院道稟告拿問○一各州縣地方固有衝僻而過客應用鋪陳亦當置備除有驛遞及不通往來處所外其餘州縣俱各該派入均平酌量多寡置辦年久損壞請支預備雜用銀兩修補不許累及里甲○一分巡道三年一次整卷刷卷合用紙劄筆墨供應書手米菜工食等項俱令動支本道贓罰不必派

入均平如駐劄縣分庫無必劄者許於所屬州縣查支解用○一上司按臨及府州縣官出入合用提籠照舊坊箱里甲出辦其儀城各院兩關屬各驛供應三司各道府縣俱本衙門在官人役會執並不用坊里○一祭丁用鹿所費不多但地方所產有限若市之不得以牝代牡褻瀆尤甚除郡庠照舊用鹿外其各州縣皆以羊代之至于別項物件有司較定官秤一把臨時委佐貳或首領驗秤亦足支與該學以杜指勒如該學縱生員吏書人等故意刁難眞是名教罪人先事發師生戒飭連吏書究贓重治○一鄉飲酒禮本敬老尊賢大典近聞濫及匪人及舉城士夫俱備席或折乾分送殊非事體已經禁革各府州縣悉查照舉行毋容冒濫○一各衙門船隻坐用皆屬各該驛遞掌管小修大修拆造具載成規俱有原額水馬夫銀自後拆造修理各從實估計請詳俱于原額內動支不許貽累里甲濫報大戶管造○一在外各守巡兵備等道歲用紙劄油燭柴炭及士夫交際下程

酒席等項俱動支該道項下贓罰照數行府取發
駐劄縣分收候買辦其原編銀數仍舊派徵以備
紙贖不足便于內支用若或有餘即留充該縣公
費〇一各府州縣等官日用紙劄心紅油燭等項
俱議有定數許支自理紙贖應用但邇來贓罰多
寡不齊難以取必仰各該府州縣掌印官計算每
年府若干州縣若干府官應支之數派各縣均辦
每季先自理紙贖如不足用方許于本項下動支
〇一上司登岸出道扛擡卷箱如兵備道有隨捕
團操兵就令供役其餘無者俱該驛募夫答應如
上司按臨扛擡木薪蔽帷直宿等項俱用聽事民
壯不得擅擾地方火夫及另支銀僱募如經臨合
送皂隸若駐劄行事者許照舊規開送內外二班
如或經過停宿晝夜止撥一班迎來送往不必另
送外班至于祭祀及辦送下程燕席俱撥民壯扛
擡〇一上司按臨并府州縣官陳設酒席鄉飲等
項合用椅桌臺幃磁器通照坊里丁糧審派均平
銀兩在官估計合用物件酌量置辦所置器皿送

縣號記貯在一處即給簿一扇委該吏掌管役滿呈鳴交與下手缺欠者賠償損壞即支輪年均平修補搬運人夫合用民壯各隨宜撥用其官府取用物件間有指匿不肯發出者掌管之人亦要登時稟明掌印官註簿繳道查究他如考試閱操等項合用椅桌搭廠竹木棚欄之類亦于均平銀內支用置辦事畢變價還官存候別用不許借辦鋪行致有虧損○一兵備道駐劄處所犒賞獲功員役合用花紅公費俱動支原派兵餉錢糧應用不派均平其經臨上司中火有驛遞者驛遞答應無驛遞者該州縣相度六十里以上者中火一二日之程設宿食俱派定均平中火銀支用○一各衙門打掃割草等項俱用本衙門跟隨皂快及民壯等役不許擅用地方火夫致妨生理查得各府州縣有責令地方夫上宿守監及撥取短夫打檯物件者最爲小民之害已經嚴刻榜諭禁革雖坊里且不許濫行拘役况火夫乎○一雜辦欵目頗多必須分別包封另箱收貯如遇某項應用即于原

欵包內動支仍于原登簿內前件下開寫于某日支取若干作爲某用明白註銷以備查考庶免影射侵歷捏開小民拖欠復累該年里長如或官遷吏滿各要一一交盤申請守廵道淸查無弊各批詳允方許離任起送若支有餘剩俱聽申明以抵別項公費支銷○一議定規則葢欲永爲遵守但時有變遷事有損益各項之中用或羨餘聽其截長補短貯候湊支此又通融之法也間有意外之費有司或難于開報及一切士夫交際等項果係禮不可廢義不容已者許于備用銀內動支倘有不敷就于該州縣自理贓罰銀兩一面請詳支應若有復派里甲者官以不職論吏究贓重治各有司若能着實舉行不惟生民有賴而官亦賴以成令名矣○一里甲均平之法非出本院一人謬見實賴賢明司道及各該良有司講求考訂更數月而後成相與早作夜思苦心區畫無非仰體朝廷勤恤民隱至意若不藐爲空談顧舉而力行之今後各衙門塡註府州縣掌印官考語須于賢否册

內明註有無遵奉均平以驗其行事之實若或故違即是賊民自奉甘爲衣冠大蠹矣秉筆查覈者各宜曲加廉察毋使貪鄙之人得欺世盜名也若自小民訐發並惟有司蒙面忍耻不能苟容而監臨督察者皆不能無愧矣本院亦與有其責故復以此申告不憚煩○均平由帖某縣爲節冗費定法守以蘇里甲事今遵奉題准均平事理出給由帖備開年分應徵應派銀數付照仰速照依正數辦完送縣交納當堂投櫃即將由帖填註納銀數目日期掌印官親批納完二字用印鈐蓋付還備照並不許分外加取稱頭火耗里長在官勾攝甲首悉放歸農毋違須至出給者本縣該派均平銀

千　百　十　兩　錢　分　釐嘉靖四十年

分通縣人田共折丁　千　百　十　丁每丁派

銀　錢　分　釐　毫　絲一戶人丁田丁折丁

丁共派銀

本年　月　日照數赴縣納完訖右給付某執照

○均平之徵後又并入條鞭內則此帖可廢矣

均差

萬曆元年實派均徭銀六千六十六兩九錢二分七釐九毫九絲六忽七塵内富户銀二十兩解府轉解路費銀三錢布政司廣濟庫庫子一名銀一十二兩解司給發路費銀三分運司獄卒一名解司給發路費銀三分本府獄卒二名銀二十四兩本縣給發按察司獄卒一名銀一十二兩解司路費銀三分本府稅課司巡欄役銀四十兩解府本府稅課局巡欄銀八兩解府三江塲工脚三名銀

一十八兩縣給曹娥塲工脚六名銀四十二兩縣
給本府巡鹽應捕六名工食銀九十兩縣給本縣
巡鹽應捕一十名銀一百一十兩縣給本縣獄卒
六名銀六十四兩八錢縣給桑盆等五所局巡攔
鈔銀一百六十八兩四錢九分五釐四毫三絲二
忽解府聽作官軍俸鈔本縣解戶四名內二名軍
門充餉二名解司聽解物料銀一百二十兩路費
銀四錢八分本府如坻倉斗級二名銀三十兩本
府預備倉斗級三名銀四十五兩本縣預備倉斗

級二名銀三十兩本府公堂家伙銀四兩七錢一
釐三毫本縣公堂家伙銀一十六兩本縣儒學公
堂家伙銀一十二兩五雲等一十三舖每舖司兵
五名共六十五名共銀五百三十八兩二錢三江
閘夫一名銀九兩耳房庫子一名銀四十四兩
本府儒學齋夫銀一十二兩膳夫銀三十兩本縣
儒學齋夫銀七十二兩膳夫銀八十兩本府歲貢
路費銀三十兩一名縣給本縣歲貢路費銀三十
兩一名縣給察院看司門子一名銀三兩縣給布

政司看司門子一名銀三兩縣給本府門子二名
銀一十四兩四錢解府本縣門子二名銀一十四
兩四錢縣給本府儒學門庫銀四十三兩二錢解
府本縣儒學門庫八名銀五十七兩六錢縣給宋
陵門夫一名銀三兩蓬萊驛館夫銀一百一兩一
錢一分一釐海道皁隸二名銀二十兩解府路費
銀五分布政司皁隸二名銀二十四兩解司路費
銀六分照磨所皁隸一名銀一十二兩解司路費
銀三分聽事夫四名銀四十八兩解司路費銀一

錢二分分守道方兵一名銀一十兩解司路費銀
二分五釐溫處道甲首一名銀一十兩解司路費
銀二分五釐都司斷事司皂隸一名銀一十二兩
解司路費銀三分運司皂隸一名銀一十二兩解
司路費銀三分本府理刑廳皂隸二名銀二十兩
解府扣解皂隸銀九十兩解軍門作充餉解府轉
解路費銀二錢二分五釐南京柴薪銀九十六兩
另滴珠銀二兩四錢解府轉解路費銀一兩二錢
三分南京直堂皂隸二名銀二十兩另滴珠銀六

錢解府轉解路費銀二錢五分七釐五毫運司柴
薪銀二十四兩解司路費銀六分紹興衛柴薪銀
一十二兩本縣給發本府馬夫二十三名銀九十
二兩解府巡按察院水夫銀二兩解府轉解路費
銀五釐鹽院水夫銀九錢一分六釐六絲四忽七
塵解府轉解路費銀二釐三毫按察司馬夫銀三
十六兩解司路費銀九分本府遞送夫一名役銀
一十四兩四錢解府本縣皂隸二十六名役銀二
百三十四兩縣給梁湖渡小江渡青山渡稍夫一

十三名銀四十六兩八錢縣給本縣柴薪銀一百八兩縣支本縣馬夫四十名銀一百六十兩縣給本縣遞送夫一十三名銀九十三兩六錢縣給坊夫一十七名銀一百二十二兩四錢縣給東關驛水岸夫銀一千四百二兩二錢二分四釐四毫縣給本府水利廳民壯一名銀一十兩解府本府平政廳民壯一名銀一十兩解府本府巡捕衙民壯三名五分銀二十八兩解府本縣民壯一百名內分守道取用健步二名銀一十四兩四錢縣給本

府坐留差用民壯打手九名共銀六十六兩解府
本縣民壯八十九名共銀五百五十二兩縣給本
府抽取民壯九十四名共銀六百七十六兩八錢
解府右俱派槩縣田丁出納徵銀貯庫召募人役
充當

均差考　分守寧紹台道程分巡浙東道謝爲均差
便民事嘉靖四十四年奉欽差提督軍務
都察院右副都御史劉批各道呈詳本年十二月
二十三日奉本院批發紹興府申詳查議過山陰
縣里遞吳因等呈均徭銀力等項二十五欵緣由
又爲均徭役革宿弊以一政令事批本府申詳查
議嵊縣均徭二十二欵緣由俱奉批仰分守道會
同巡道酌議果否便民具由詳繳又爲懇乞天恩

照例均役以便民情事奉本院批發本府呈詳查議諸暨縣耆民何恩王良等呈均徭役銀通融算派緣由奉批近訪衆論紛紛不一仰分守道會同巡道酌議果否便民具由詳繳依奉會案行府再加酌議官民兩便明白具由申詳會呈去後隨據該府申稱查得前事先該本府查議通行申蒙巡按御史龐詳批前呈山陰縣徭役緣由蒙批據議均徭通融編派隨事酌量費有常經民無偏累而詭寄花分冒濫優免之弊亦盡革矣如議即查照行其各縣應否一體審編博訪輿情另由呈奪繳又批前呈嵊縣徭役緣由蒙批據呈酌議詳悉即將該縣遵照審編繳又蒙巡按御史楊詳批據議最善准照行鹽捕一節已行兵備道覆議仍候另行繳續爲懇恩比例均平徭役等事蒙巡按御史龐批發會稽上虞等縣耆民里遞單球徐應元等各呈均派徭役情詞俱蒙批仰府查議速詳等因爲查各項銀力二差通融徵銀募當民皆稱便今蒙行仰再議停妥遵依覆查得各該徭役除巡鹽

應捕先議徵銀抵課免僉前役止僉民壯弓兵巡
緝恐難濟事已該知府楊又議將各縣派徵銀兩
仍照額名數選募勤實之人照舊充當捕役分布
行鹽地方晝夜常川巡獲船鹽人犯不許縱放違
則從重問遣備由呈兵巡道覆議轉詳外其餘各
項銀力差役再三斟酌細加博訪輿情委果稱便
均派徵銀募當並無窒礙實係經久可行通將山
嵊二縣原開條欵并會蕭諸上新五縣各該額僉
徭役酌量重輕議派銀數俱各逐欵聲說明白開
具手冊備申前來據此會看得均徭舊例原分銀
力二差蓋其立法本意銀差所以待貧民而力差
以待富室也法非不善但力差中間重輕難易頭
緒甚多故富民多方謀為就輕避重吏胥得緣為
奸飛詭百出每每偏累不公故民多愿通融徵銀
僱募承值如餘姚一縣先經會議將銀力二差比
照江福直隸等處通融派銀隨糧帶徵僱人承役
雖行之未久人皆稱便今山會蕭諸上新嵊七縣
既愿一體施行亦當酌處以慰民望隨將該府各

欽所議各項差役分別輕重難易于原定役銀之外量增銀數并通融徵派事宜各道逐一細加查閱詳議明白合無候呈詳允日備行該府將各欽議定事宜通行各縣着實遵行永爲定規仍出示曉諭軍民人等知悉惟復別有定奪呈乞照詳等因奉批既稱民便准照行繳奉此案照前事已經會議具由申詳去後今奉前因擬合就行爲此案仰本府官吏照案事理即將議開徭役銀兩數目轉行各縣逐一查照遵行各將役銀數目挨序造完書册每道各一本本府縣各存一本備查仍將前項均徭役銀總數造入格眼循環內遞比每年終各將徵完解給過役銀并餘剩扣存各銀俱明白造册送分守道查覈各具遵行過日期緣由并不違依准申來繳查

一條鞭考

紹興府爲懇天立法釐弊以便徵解事奉分守寧紹台道崔劄付隆慶二年四月初三日奉欽差提督軍門趙批發會稽縣第五都里長鄭宜試呈詞本縣分派錢糧各項零星奸

民謀充收頭恣意侵費欲照依餘姚縣立一條鞭法通將槩縣錢糧攢爲一總每畝派銀若干逐戶分給由帖親自投納革出收頭名色以除宿弊等情又爲乞賜鑴立良規以終善政永安生民事奉本院批發諸暨縣庶民周恭四十七等連名呈稱諸暨之害收頭爲最錢糧之徵名色極多有等奸徒謀充收頭侵用拖延害貽百姓今本縣梁知縣將槩縣各項錢糧名色會計總作一條聽設一櫃令自投納此法一行官民咸便誠恐後來變更請行立石紀載以垂永久等情俱奉批仰分守寧紹台道查近行議報奉此看得各縣總計一條鞭派徵收納之法先爲定徵解以便出納事該山陰等縣各比照餘姚縣行有成效事例俱申奉本院批行本司該署印左參政劉會同按察司并分巡各道議得錢糧之繁重莫有過于兩浙而徵解之奸弊亦莫甚于兩浙蓋其初收納不得其法其究解運不得其人故也訪得各該州縣每遇徵派之際率于糧里之中逐項僉定收頭未爲不可而積年

棍徒多方謀爲包攬一得收受百計侵漁趲前挪後稱新補舊其弊有不可勝言者是以山陰諸暨等縣各具申呈皆欲舉行一條鞭之法無非剔刷積蠹以充裕軍國之需也且徵解錢糧事關通省不獨山陰諸暨等縣爲然通行議處查照餘姚縣一條鞭之法行令各州縣將該徵夏稅秋糧鹽米等攢爲一總內除本色米麥某項某價照舊上納外其折色某項某項各若干每石該折銀若干通計銀若干槩縣田地若干每畝該實徵銀若干共該銀若干其均徭里甲三辦均平等亦攢爲一總共某項各該銀若干通計共銀若干然後通查槩縣田地山若干人丁除例該應免外見在若干每丁該銀若干田地山各若干每畝該徵銀若干共該銀若干二總應徵銀兩再算每田地山一畝該銀若干每丁該銀若干連前項正銀通該若干編派已定即行照數備細造册一本開寫榜文一道申送各分守道查覈明白果無差錯關防印記發回一面將榜文張掛曉諭百姓通知一面查造册

籍逐戶填給由帖用印鈐蓋着各該里遞分給各甲人戶照帖承辦依期赴納此一條鞭派徵之法也至于收納之際每縣查照由帖造收納文册一本用印鈐蓋置立大木櫃一個上開一孔可入而不可出者仍酌量縣分大小都啚多寡縣小者止一簿一櫃大者作二簿二櫃或三四隨宜曲處每櫃卽選擇實歷吏中之勤慎者一名糧長中之殷實者一名相兼經收每次卽給收票一百張私記小木印一箇本櫃立于縣堂上聽令各該里遞帶領納戶親赴交納先是吏與糧長公同查對簿內及由帖納戶本名下丁糧及折銀數目實該若干相同無差隨卽驗銀足色兌銀足數眼同包封上寫某里某甲納戶某人銀若干仍着納戶將簿內本名下填寫某月某日交納足數訖下註花字爲照吏同糧長將納完銀數填入收票內某月某日吏某人糧長某人公同驗納訖亦註花字爲照銀令納戶自行投入櫃中並不許吏與糧長經手如有加交重稱刁難勒索者許卽時稟告究治每十

日掌印官同管糧官及經收吏役糧長關櫃清查一次照簿對封照封驗銀如果無差總算該銀若干拆放一處每百兩權作一封暫寄官庫以待臨解傾錠另貯一匣另置印簿一扇登記每次清查銀數又行另選吏一名糧長一名如前經收十日清查此一條鞭收納之法也如遇某項錢糧應解將前庫寄銀兩照簿內收用日期挨次順支若干應貼路費若干當堂傾錠封付解人凡銀至五百兩以上差佐貳首領官三百兩以上差殷實候缺吏一百兩以下差殷實糧里仍查照貼解銀數給與使費解送至府轉文呈司交納責限納獲批收銷繳俱不許再僉收頭解戶等項名色此官解銀兩之法也此法既立諸弊盡革官府徵收截然有一定之規百姓輸納曉然無科索之患矣等因具呈本院奉批據議派徵收納管解之法甚爲詳悉但遵行在各州縣督行在各守巡兵備等道而提綱挈領責在該司仰司即如議轉行各該駐劄道分就近催督舉行仍取各縣派徵過錢糧數目多

寡緣由備造書册送本院及該司道查考又蒙巡
按御史王批據會議似爲停妥詳盡矣卽依擬通
行查照施行此後有司官員務須永爲遵守加意
小民切毋爲一已一念之私輙輕更變致使良法
美意徒爲紙上之空談可也繳隨該本司通行備
咨到道就經轉行所屬寧紹台三府督着速行各
縣務要查照前項議定事規將錢糧總數攢造書
册徑送本院查考着實舉行去後隨查貼解路費
一節先該本司先任劉參政會議凡解南京者每
兩該銀三分五厘北京者該銀五分解司者每兩
該銀二分五厘解司轉解者每兩該銀二分七厘
解府者該銀一分又爲議定貼解銀數以便遵守
事又奉本院覆行會議隨該本司署印殷參政議
得各屬起解錢糧貼解路費應查程途遠近解北
京者每兩貼解三分五厘解南京者每兩二分但
係柴薪每名外實增銀三錢不在貼解之數其餘
解本司解外府本府者原議貼解之銀通行裁革
每年務于派單上查照某項係解北京某項南京

明開加增若干俱于正銀内照數帶徵縣給納戶
戶由上開載以杜奸弊等因備呈本院奉批據議
甚爲妥當仰司通行闔省永爲遵守弊絶風清其
庶幾乎仍取各府州縣不違依准類呈繳又蒙巡
按御史王詳批據呈貼解收納之法細微曲折計
處周詳使大小有司皆能守之不變豈獨宿弊盡
掃民瘼可瘳哉而官箴亦可保其無玷矣通如議
着實施行繳又奉提督軍門趙案驗備行本司即
便通行各府州縣就出簡明告示遍貼城市鄉村
曉諭[illegible]姓知悉一面[illegible]已前收[illegible]轉解多
徵貼解銀數各照今議扣該實用外多餘之數貯
庫作正支銷勿容吏胥乘機侵匿仍將派徵錢糧
并貼解銀數緣由備造書册送縣查考等因備咨
前來該本道就經查照通行所屬府縣一體奉行
訖今會稽縣鄞宜試諸暨縣周恭四十七等各又
呈舉前詞爲照一條鞭派徵與收納解銀之法誠
釐弊便民之意已該二司各道會議詳允公私兩
利情法相兼通行槩省立爲常法矣緣一條鞭徵

派明文布政司于本年正月間方行于各府會稽縣正官先于上年入覲此法尚未舉行今該縣正在派徵之際各民誠恐因循不行仍踵前弊故爲此請其在諸暨者見有知縣梁子琦遵照前法攢總類派派徵收簡易允協民情在各民猶恐官之更代不常法之持守靡定其圖立不以垂久遠是在二縣之民一爲立法以成其始一爲申飭以保其終跡其所陳本爲公舉究其原意亦非私心今候呈詳允日備行紹興府嚴督會稽諸暨二縣將見年錢糧查照前法未行者責令及時派徵已行者督令着實舉行如違聽本道將經承官吏提究仍各大書刻榜于縣前務令家諭戶曉昭揭遠近庶使良法美政可垂永久其有陰懷私忿惡收頭之裁革者自不得輕爲更變以滋他弊矣呈乞照詳等因于本月十四日呈奉本院詳批仰道照議行屬遵守繳奉此劄仰本府照劄備奉批呈內事理即便督令會稽諸暨二縣將見年錢糧查照前法未行者督令及時派徵已行者督令着實舉行如

違定將經承官吏提究仍各大書刻榜于縣前務令家喻戶曉昭揭遠近以垂永久仍通行山陰等六縣各將一條鞭派徵收納之法與貼解南北二京路費并柴薪每名增銀三錢俱照前項議呈詳允事理俱一體着實舉行永為遵守毋得輕易變更申擾自取罪咎未便各具遵行過緣由及不違依准一併申道查考等因奉此擬合通行為此仰縣官吏照帖備奉劄付內事理即便將見年錢糧查照前法未行者責令及時派徵已行者督令着實舉行如違定將經承官吏提究施行（會稽縣每戶錢糧出帖給與府會稽縣為給由帖以便輸納事照得本縣圖冊難定至于各項錢糧小戶未能周知征派里遞科詐甲首戶長科詐戶丁深為未便除槩縣糧差總數刊刻板榜揭示外今將每戶糧差數目另造由帖家喻戶曉使人人一覽即知自已錢糧若干其均平均差雖每年所派不一姑就當年者而較之則九年派算增減不過毫釐未必大相懸絕為此帖仰該縣人等俱要遵照由帖

內事理稽數宗納如有里遞隱匿不給及經手吏書人管算對不實那移作弊者依律究遣決不輕貸須至由帖者○計開一戶某係某都某啚某籍人丁若干鹽糧銀若干鹽米若干山田若干該馬折餉水銀若干水田若干該馬折餉水銀若干耗米若干升田若干山地若干該糧折餉銀若干水地若干該糧折餉銀若干米若干山若干該鈔餉銀若干蕩若干該折銀若干米若干地塘漊若干該折銀若干米若干以上人田地山蕩共折正丁若干除免辦丁若干均平均差白榜銀共若干通共各折銀若干共米若干某年月日給總書某人書算手某對同吏某諸畝如無者則下註無字無免丁者亦然（右知縣楊節所刻一條鞭由帖）自人丁至漊折爲一總均平均差又自爲一總而黃絡麻鈔茶株等鈔若曹娥三江二塲之鹽則各有耑課不關縣縣之丁畝故不與焉人持一帖五尺童子莫之敢欺矣二年某月日（知縣傅良諫申）一條鞭立法詳悉無容再議但本縣優免煩碎名項極

多比之他縣甚于霄壤如秋糧額數無論山海水鄉都分槩縣一則均派每畝科米一斗一升七合九勺及派徵米折則又因厥土之上下而有輕重之分本縣額設三十三都自第一都起二十都止及在城兩隅名曰水都本色糧米及南存改備等項重折盡派于此內及第七第八十二十三三十四等共五都因邊海荒坵田土每畝派于北折二三四五七升者共二十一都起至三十三都止名曰山海鄉都分每畝止納輕賫北折米九升七合九勺備折米二升全不派徵本色又如南本每不徵銀七錢各縣無分民竈一槩派徵惟獨本縣竈戶纖毫不承納又且田不加耗又如水鄉蕩價內外職官及各竈戶俱優免止派于民又加水夫工食遠驛馬價北京省職官查照品級優免而竈戶原與民間一體派徵內又第七第八十三十四十七三十一三十二等共七都竈田每畝免銀四厘此之各都竈田又別又如二十四都民戶患田六千六百餘畝水鄉水夫馬價三項俱免不派自此題

緒煩瑣遽難畫一竊議前項錢糧若照舊規派徵則輕重不一安能類總若計畝科銀又似非繇繁之意今反覆酌量參諸人情除將均平均差每年官吏生監優免增減兵餉各年奉文派徵多寡不同俱難派于條鞭之內合無另爲一則其夏稅秋糧照田通派此乃一定之法不分官民與竈求之各縣皆然本縣官民無間而惟獨竈異以此民竈輕重懸絶竈田日增民田日減而冒籍詭寄之弊其流不可遏矣合將稅糧一體派徵查出山海都分原額田地照舊派以北折若干備折若干每畝一畝計銀若干每地一畝計銀若干其水都田地照舊派以本色糧米若干南存改備等折若干每田一畝計銀若干計米若干每地一畝計銀若干計米若干各揭一總銀入條鞭米照常規派運其水鄉水夫馬價三項總計每田一畝不過七厘亦不分官民竈戶及減免竈田俱徵不免與前稅糧合爲一則每田一畝共計該銀若干設立官簿官票責令依限投櫃收解及查本縣竈戶優免元無

定例查得水鄉蕩價先因裁革水夫竈戶所遺蕩地俱竈營業所該鹽課無分民竈派于該縣田內自嘉靖十九年以來竈戶方行告免及查秋糧米折嘉靖三十七年以前並不分別民竈一槩派徵俱各行之未久即今通派雖少有所增而反覆撥算每畝計銀不過釐數況又有例優免與民不類合將本縣竈戶并患田及官吏生監于均平均差二項之內照各例優免外仍量與加免丁田例免十丁者再免一丁庶人皆相安法可永守再照解運路費起解司府者一切裁革屢蒙頒示嚴禁多方體念但錢糧關係匪小多懷畏心若不立有成規誰不臨時推調議將每年見役糧里計若干名解司解府銀兩各照本年下田糧多寡挨次照數領解何能辭責領解鮮少者亦聽其相附自行封貼大約一百兩以上者定解一名二百兩以上者定解二名責令輪流聽撥則收頭不立而管解有人路費不徵而勞逸適均矣伏乞照詳施行具呈三院下紹興府府議以一條鞭之法原合均平均

差稅糧爲一今該縣將均平均差兵餉另爲一則將稅糧另爲一則此乃兩條鞭矣又于稅糧之內將山海都分泒以本折北折將水都分泒以本色糧米南存改備等折又另分爲兩條鞭矣但立法貴通人情爲政須宜土俗該縣前項均平均差每年有官吏生監優免之不同兵餉銀兩每年有增減泒徵之不一委難强入于稅糧之内其水都分厰土爲上山海都分厰土爲下賦歛輕重亦難强而齊也再三查訪俱稱前項泒徵皆以停妥並無異論且一條之說原以革去收頭包攬爲主今該縣泒徵雖勢不能合一然泒額一定家喻戶曉設櫃聽投再無收頭侵攬之弊其與一條鞭之法亦小異而大同矣再查竈戶患田官吏生監優免俱有定例今該縣因水鄉水夫馬價各不准優免欲議于均平均差之內免十丁者再加免一丁以示優厚之意但加免于此則加重于彼小民貧困輸納艱難似違法制不准再加其領解司府錢糧一節既無路費之給每年于見年糧里挨次僉點委

爲適均然必遵奉近議百兩以上則押以民壯一人二百兩以上則押以吏農一名五百兩以上則押以職官一員以防侵匿遲延之弊具呈巡撫都察院批如議行繳

諸鈔

黃絲蔴三千七百六十五觔一十兩折鈔銀一十三兩三錢五分三釐一毫閏則爲四千七十九觔八兩折鈔銀一十四兩二錢四分一釐二毫愉府轉輸于京先責辦于槩縣之漁今泒徵于槩縣納鈔之蕩（鈔蕩詳見前蕩下）

茶株鈔銀五十五錠一貫五百二十文

油榨碓磨鈔五十二錠四貫四十文

窑竈鈔四十三錠一貫

茶引油契本工墨鈔三十四錠一貫

樹株果價鈔一十一錠四十文以上諸鈔折銀一兩六錢六分五釐二毫閏則爲二兩一錢四分一釐八毫三絲八忽以輸于府並責辦于油榨窑冶茶株等戸

鹽課

三江場沙地自蟶浦至宋家漊額鹽凡五千六百九十三引

一百七十六觔十二兩六錢八釐引四百觔內爲折色者三千二百七十六引三百二十三觔七兩九錢一分二釐引折徵銀四錢統計銀凡一千三百一十兩七錢二分三釐四毫九絲五忽六微三纖爲本色者二千四百一十六引二百五十三觔四兩六錢九分六釐本色鹽有二目曰存積曰常股以十準之存積得四爲鹽九百六十六引二百五十七觔五兩七分八釐四毫洪武迄正統例竈輸于本場之倉以待支商迨成化間改折色輸運

司以給常股得六爲鹽一千四百四十九引三百八十五觔十五兩六錢一分七釐六毫洪武初所在缺糧令商即缺所輸米已給勘合赴運司若鹽課司得自支迨成化間改折色輸運司以給

曹娥場 沙地自曹娥至小金 額鹽凡一千四百六十七引二百四十八觔九兩七錢四釐引四百觔內爲折色者七百三十三引三百二十四觔四兩八錢五分二釐引折徵銀四錢統計銀凡二百九十三兩五錢二分四釐三毫三忽二微五纖爲本色者七百

三十三引三百二十四觔四兩八錢五分二釐本邑鹽有二曰存積曰常股以十準之存積得四爲鹽二百九十三引二百九觔一十一兩五錢四分二釐七毫常股得十六爲鹽四百四十引一百一十四觔九兩三錢九釐三毫其中支之法悉如布

鹽課考

兩浙運司三十五場竈丁十六萬五千五百七十有四歲辦額鹽四十四萬四千七百六十九引一百四十九觔二兩西甘肅寧夏固原延綏大同宣府榆林代州等九邊邊各置鎮鎮兵多寡所在不同姑以每鎮萬人論之必七千爲主三千爲客而鎮臺召商中納如滿千引必派七分爲常股三分爲存積甘肅險遠引輸銀三錢其他八鎮引輸銀三錢五分即前七百引爲銀二百

四十五兩又分而三之中取二分貿米一分貿州䓁實之邊倉以給主兵而商則賫引到場挨次守支常股之鹽尚餘存積三百引則與守支異目矣必臨調官兵然後召商中納其價獨重易糧給兵如前而賫引到場得越次先支此國初法也成化以後漸亦難行如商引合支常股而本場獨有存積合支存積而本場獨有常股既不得通融復不許更煮又或鹽積而商久不至則耗鹽商至而鹽久不繼則病商于是當事者疏請合計全浙竈丁與九邊報中引目不論常股存積悉議徵銀于竈丁引二錢三分七釐總輸于運司商至引給銀二錢一分八釐隨得返邊報中環轉不休而引目仍聽其轉貿徵浙內商令內商得以引貿竈鹽初法盡改矣（浙通志曰）浙濱海而鹽筴與漢初吳王濞置司鹽校尉于馬嗥城以煮海富武帝時始置鹽官法毋得私鬻孫吳置司法都尉權其利唐置鹽鐵使設場鹽于湖越杭州歲得錢累十萬緡宋置都大發運使及提舉官設鹽場于杭秀明溫台五

州令商人輸粟得鹽南渡後屬漕司元置兩浙都轉運鹽使至元十四年置司杭州大德二年置鹽場于浙東西至正二年置檢校批驗所四于杭嘉紹溫台及明朝仍置都運司專掌鹽政增置嘉興松江寧紹溫台四分司督鹽課又置寧波批驗所而分溫台批驗所爲二掌掣擊又置鹽課司于鹽場隸都運司者二曰仁和許村隸嘉興分司者五曰西路鮑郎蘆瀝海沙橫浦隸松江分司者五曰浦東袁浦青村下沙青浦隸寧紹分司者十五曰西興錢清三江曹娥石堰鳴鶴龍頭清泉長山穿山大嵩玉泉昌國岱山蘆花隸溫台分司者八曰長亭杜瀆黃巖長林永嘉雙穗天富南監天富北監場立官一人大者二人團立總催十人凡爲場五十五爲團五百有一爲丁七萬四千四百四十有六丁皆給灘蕩授煮器率辦鹽一引官給工本米石引四百觔歲得鹽二十二萬二千三百八十四引三百四十九觔二兩洪武十七年易工本米以鈔引二貫五百文二十三年改辦小引丁歲

十六引鹽工丁八引餘工丁四引引二百斤歲得鹽四十四萬四千七百六十九引一百四十九斤二兩邊商中鹽者每大引輸銀八分官給引目支鹽于場率小引二而當大引一引耗五斤各爲袋場截其引角一而歸之已告驗于運司截引角一已掣掣于批驗所又截引角一鹽過二百有五斤者沒其餘已鬻于限地南止溫處西止嚴信北止鎮江西北止廣德其地之吏又截引角一乃反引于官官司詰禁如律二十七年復竈戶雜役有差永樂初改令邊商每大引輸米二斗五升或粟四斗邊量米粟貴賤道里遠近險易以爲引目正統二年并岱山蘆花場于大嵩場三年遣御史巡督鹽課改令邊商兼中淮浙鹽淮鹽十八浙十二淮鹽輸米麥浙鹽得輸雜糧又用侍郎周忱議以竈去場三十里者爲水鄉竈戶不及三十里者爲濱海滷丁水鄉丁歲出米六石給濱海丁代煎四年復竈戶稅糧用遠運〔工本鈔自此罷給〕五年併昌國場于穿山添設下沙二場三場置場官歲辦鹽

課率以十八給商之守支者曰常股二貯場倉備邊之召中曰存積價存積重常股輕十四年增存積鹽爲十四景泰元年遣侍郎淸理鹽法改令水鄉竈丁歲輸米六石貯場倉官爲給濱海竈又增存積鹽爲十六二年令商報中引目到場遲一年以上者即于常股鹽內挨支三年罷巡鹽御史尋復遣六年運司同知王彪疏罷水鄉輸米仍煎鹽成化五年戶部疏令水鄉竈丁歲辦鹽二引以上者輸米四石三引以上者米六石併故所得草蕩仍給濱海竈代煎七年定存積爲十四常股十六至今因之十年巡撫右副都御史劉敷以濱海遺課累水鄉疏改水鄉鹽引折銀二兩五分場各輸于其長運司會而輸諸戶部備邊用（此水鄉輸銀之始）十二年部覈水鄉蕩價解運司（此草場徵銀之始）十八年增置天錫溝場官二十年御史林誠以販鹽多耗疏令濱海竈鹽并許輸半價浙西引三錢五分浙東引二錢五分歲十月輸京師此濱海本折色鹽之始二十一年增邊商浙鹽價每大

引輸銀一錢六分松江府知府樊瑩疏請以蕩價抵水鄉課鹽之半立蕩戶收之餘半于各縣秋糧加耗餘米帶徵而丁盡歸有司應民役（此州縣包補水鄉額鹽之始）弘治元年侍郎彭韶疏減濱海折半鹽價浙西引輸銀三錢浙東引一錢七分五釐二年疏鬻兩浙餘鹽引價一錢四分（此本處賣鹽之始）又疏減水鄉歲課引輸銀三錢濱海歲課常股引輸銀一錢五分存積輸鹽如故三年御史張文疏合濱海竈丁去場三十里內者煎辦三十里外者輸銀視水鄉浙西引三錢浙東引二錢十二年廢寧台二批驗所御史藍章增餘鹽價引一錢八分都御史王瓊御史邢昭繼增之引價二錢正德六年增邊商浙鹽價毋大引輸銀一錢八分八年減餘鹽價引仍一錢八分九年御史師存智疏請以本色引鹽即于兩浙開中引價三錢鹽貴則稍昂其直批驗所割沒餘鹽亦遂與商聽輸價嘉興批驗所引五錢温州二錢紹興四錢杭州四錢五分歲輸于戶部凡商鹽餘鹽及包束不得過

三百觔違者沒入之嘉靖六年增邊商浙鹽價每大引輸銀四錢（引價於是極重）七年御史王朝用疏令濱海折色鹽水鄉竈鹽引輸銀二錢三分七釐貯運司而以二錢給商買鹽曰買補三分七釐暨諸割沒餘鹽價銀仍輸于京師（此給商買補之始）十一年戶部疏減甘肅浙鹽價每大引輸銀三錢御史李磐疏均兩浙給商買補鹽數東西各九萬九千三十引其在溫台者兼支二萬六千八十五引泒如故今爲鹽場仍三十有五團仍五百有一丁一十六萬五千五百七十四率三人而輸一人之課濱海本色鹽歲二十一萬三千二十二引七十九觔二兩有奇中爲存積鹽八萬五千二百八引一百九十一觔十兩有奇常股鹽積十二萬七千八百一十二引二百八十七觔七兩有奇折色鹽歲一十二萬七千三百四引一百八十三觔十五兩有奇爲銀三萬一千七百六十六兩七錢有奇中爲給商銀二萬五千四百七十兩一錢三分有奇解京銀六千二百九十六兩五錢七分有

奇水鄉折色鹽歲一萬四千四百四十二引八十五觔十五兩有奇爲銀二萬九千一百八十三兩二錢九分有奇中爲給商銀二萬八百八十八兩四錢八分有奇解京銀八千二百九十四兩八錢一分有奇州蕩價銀歲八千八百七十七兩六錢九分有奇餘鹽銀以稱掣多寡爲算無定額云云

三江場團三十五丁四千五百三十七濱海本色鹽六千六百四十四引一百四十六觔十一兩有奇折色鹽七千七百三十五引六十九觔七兩有奇水鄉折色鹽四千七百八十四引一百七十六觔二兩有奇于山陰會稽縣帶徵曹娥場團十四丁二千九百二十三濱海本色鹽三千六百七十四引五十四觔二兩有奇折色鹽三千五百七引九十七觔二兩有奇水鄉折色鹽三百十四引一百八十觔十三兩有奇于上虞縣帶徵○通志論曰嘗謂義以生利利以和義故爲政上者利民其次不與民爭毫末之利以致大利下者務自利予讀漢食貨志觀所稱太公立圜法管仲權輕重周

景王更鑄大錢退而考鹽法之顛末未嘗不用憮然也夫鹽之爲利固王者所與百姓共也課國者以爲加賦於畝畝不若取財於川澤是故不得已而專之顧其始也一引之直爲粟數斗而其後或三倍焉夫直廉則市者衆市者衆則粟常積故官無轉輸之勞無繇抄之慮而諸邊富强直高則趨利者不趨趨利者不赴則粟常乏故金幣積于內帑而塞下不得食轉輸繇抄官以爲在而商不與其憂其在緣海鹽積而不售竊販鬻以自給則私鹽之盜起此豈非與民爭毫末之利遂以失大利哉是故王者不言利非惡利也知害之有重於利也商利之臣其言非不可聽也其在目前非不足以爲快也然而其究未有能利者也孟子曰仁義而已矣何必曰利嗚呼可與語仁義者斯能明利害之實也夫

會稽縣志卷第十一

田賦志下

田　地　山　蕩　池塘漊　鈔蕩　人丁

竈戸　額徵　起運　存留　雜支　條禁

志必詳歷代以備考索惟田賦則在今日指而視之矣斯舊志於田賦爲特詳而不暇及於歷代今之志田賦者亦特詳於今日也然各爲一卷踵之舊志之後者何也葢志以條分一條之中復數條志田則溯歷代之田以次而及於今志地則溯歷

代之地以次而及於今類及之諸稅亦然舊志不暇及於歷代新志亦不暇及歷代而必不廢舊志之所及者履畝之數無大相殊且條鞭之法有自始則簡明之善制相因而起特詳於今日也

田

原額田肆千叁百柒拾玖頃捌厘捌毫

清康熙十六年丈出田壹拾頃柒拾叁畝貳分玖厘壹毫壹絲捌忽　廿陸年丈出田壹拾壹頃壹拾叁畝肆厘貳毫肆絲捌忽㣲　該田肆千肆百頃捌拾陸

畝肆分貳厘壹毫陸絲陸忽內

上田壹千柒百玖拾陸頃肆拾畝叁厘叁毫六絲

康熙六年丈出田壹拾畝陸分肆厘捌絲捌忽十

六年清出田肆拾伍畝壹分伍厘肆絲實該田壹

千柒百玖拾陸頃玖拾伍畝捌分貳厘肆毫捌絲

捌忽　每畝徵銀壹錢壹分玖厘陸毫該銀貳萬壹

千肆百玖拾壹兩陸錢貳分陸毫伍絲伍忽

陸微肆塵捌渺　每畝徵米叁升貳合肆勺該米

伍千捌百貳拾貳石壹斗肆升肆合柒勺貳抄六

撮壹圭壹

粟貳粒

中田貳百捌拾壹頃玖拾壹畝叁分捌毫康熙六年丈

出田壹拾叁頃玖拾柒畝玖厘陸毫五絲十六年清出田壹頃柒拾陸畝柒分貳毫壹絲叁忽實該田貳百玖拾柒頃陸拾伍畝壹分陸毫陸絲叁忽每畝徵銀壹錢壹分伍厘伍毫該銀叁千肆百叁拾柒兩捌錢陸分玖厘捌毫壹絲伍忽柒微陸塵伍渺每畝徵米叁升貳合肆勺該米玖百陸拾肆石叁斗捌升玖合肆勺伍抄肆撮捌圭壹粟貳粒

下田壹千柒佰頃肆拾玖畝柒分玖厘捌毫肆絲康熙六年丈出田柒頃壹拾捌畝玖分十六年清出田壹拾肆畝壹厘伍毫玖絲實該田壹千柒拾柒頃捌拾貳畝柒分壹厘肆毫叁絲每畝徵銀壹錢壹分壹厘

捌毫該銀壹萬貳千伍拾兩壹錢柒厘肆毫五絲捌忽柒微肆塵　每畝徵米叁升貳合肆勺該米叁千肆百玖拾貳石壹斗伍升玖合玖勺肆抄叁撮叁圭貳粟

貳升北折米田壹百壹拾肆頃捌畝壹分貳厘壹毫康熙六年丈缺田貳頃貳拾陸畝肆分伍厘陸毫捌絲十六年清出田壹拾畝陸分陸厘伍毫捌絲實該田壹百壹拾壹頃玖拾貳畝叁分貳厘　每畝徵銀壹錢肆厘叁毫該銀壹千壹百陸拾柒兩叁錢伍分捌厘玖毫柒絲陸忽　每畝徵米貳升捌合玖勺該米叁百貳拾叁石肆斗伍升捌合肆抄捌撮

貳升上北折米田壹拾肆頃壹拾壹畝壹分壹厘

叁毫康熙六年丈出田壹拾畝玖分肆厘柒毫實該田壹拾肆項貳拾貳畝陸厘每畝徵銀壹錢陸厘陸毫該銀壹百伍拾壹兩伍錢玖分壹厘伍毫玖絲陸忽每畝徵米貳升陸合捌勺該米叁拾捌石壹斗壹升壹合貳勺捌撮

叁升北折米田壹拾叁項壹拾叁畝捌分陸毫康熙六年丈缺田壹拾貳畝壹分柒厘壹絲實該田壹拾叁項壹畝陸分叁厘伍毫玖絲每畝徵銀壹錢伍毫該銀壹百叁拾兩捌錢壹分肆厘肆毫柒忽玖微伍塵每畝徵米貳升肆合叁勺該米叁拾壹石陸斗貳升玖合柒勺伍抄貳撮叁圭柒粟

肆升北折米田捌項玖拾壹畝伍分壹厘伍毫康

熙六年丈缺田貳拾伍畝叁分壹毫陸絲十六年
清出田壹拾畝玖分柒厘壹毫肆絲實該田捌頃
柒拾柒畝壹分捌厘肆毫捌絲每畝徵銀玖分玖
厘叁毫該銀捌拾
柒兩壹錢肆厘肆毫伍絲陸微肆塵　每畝徵米
貳升貳合柒勺該米十九石玖斗壹升貳合玖抄
肆撮玖
圭陸粟
肆升上兆折米田五拾伍頃叁拾伍畝玖分壹厘
內康熙六年丈缺田肆拾畝柒分肆厘貳毫柒絲
實該田伍拾肆頃玖拾伍畝壹分陸厘柒毫叁絲
每畝徵銀壹錢壹厘貳毫該銀伍百伍拾陸兩壹
錢壹分玖毫叁絲柒微陸塵　每畝徵米貳升壹

合該米壹百壹拾伍石叁斗玖升捌合伍勺壹抄叁撮叁圭

伍升北折米田壹拾陸頃畝康熙六年丈出田柒畝叁分玖厘叁毫拾陸年清出田貳畝柒分捌厘捌毫實該田壹拾陸頃壹拾畝壹分捌厘壹毫每畝徵銀玖分陸厘叁毫該銀壹百伍拾伍兩陸分肆毫叁絲叁微每畝徵米壹升玖合該米叁拾石伍斗玖升叁合肆勺叁抄玖撮

伍升上北折米田捌拾貳頃叁拾陸畝肆分貳厘肆毫康熙六年丈出田柒畝玖分伍厘叁毫十六年清出田叁拾捌畝叁分叁厘玖毫柒絲實該田捌拾貳頃捌拾貳畝柒分壹厘陸毫柒絲每畝徵銀壹錢

陸釐肆毫該銀捌百捌拾壹兩貳錢捌分壹釐伍
絲陸忽捌微捌塵　每畝徵米壹升玖合壹勺該
米壹百伍拾捌石壹斗玖升玖
合捌勺捌抄捌撮玖圭柒粟
柒升北折米田貳拾伍頃柒拾捌畝伍分康熙六
年丈缺田貳頃陸拾叁畝壹分貳釐壹毫貳絲拾
六年清出田捌拾畝陸分玖釐伍毫壹絲貳忽實
該田貳拾叁頃玖拾陸畝柒釐叁毫玖絲貳忽　每畝
徵銀玖分叁釐貳毫該銀貳百貳拾叁兩叁錢壹
分肆釐捌絲玖忽叁微四塵肆渺　每畝徵米壹
升伍合伍勺該米叁拾柒石壹斗叁
升玖合壹勺肆抄伍撮柒圭陸粟
山海鄉田柒百肆拾頃肆拾陸畝陸釐伍毫康熙

六年丈缺田三頃壹畝陸分肆厘捌毫捌絲十六年清出田伍頃玖拾叁畝壹分玖厘伍毫柒絲實該田柒百肆拾叁頃叁拾柒畝陸分壹厘壹毫玖絲每畝徵銀玖分壹厘貳毫該銀陸千柒百柒拾玖兩伍錢玖分貳毫伍忽貳微捌塵

山患田柒拾貳頃壹拾叁畝玖分柒厘壹毫康熙六年丈缺田壹頃壹拾陸畝玖分壹厘玖毫十六年清出田壹頃貳拾伍畝肆分貳厘伍毫陸絲實該田柒拾貳頃貳拾貳畝肆分柒厘柒毫陸絲每畝徵銀貳分玖厘伍毫該銀貳百壹拾叁兩陸分叁厘捌絲玖忽貳微

新墾山田壹拾陸畝捌分玖厘柒毫每畝徵銀柒分伍毫該銀
壹兩壹錢玖分壹厘
貳毫叁絲捌忽伍微
海患田捌拾柒頃陸拾叁畝叁分貳厘壹毫康熙
六年戊缺田玖拾叁畝貳分柒厘玖毫十六年清
出田壹拾伍畝壹分貳毫柒絲叁忽實該田捌拾
陸頃捌拾伍畝壹分肆厘肆毫柒絲叁忽每畝徵銀伍分
玖厘該銀伍百壹拾貳兩肆錢
貳分叁厘伍毫叁絲玖忽柒塵
新墾患田叁畝叁分伍毫每畝徵銀貳分貳厘陸毫該銀柒分肆厘陸毫玖絲叁忽
地

原額地叁百捌拾柒項陸拾肆畝叁分伍厘貳毫康熙六年丈出地玖項柒畝捌分捌厘柒毫十六年清出地貳拾柒項叁拾肆畝四分玖厘貳毫玖絲肆忽實該地肆百貳拾肆項陸畝柒分叁厘壹毫玖絲肆忽內

上地壹百叁拾伍項陸拾畝伍分壹厘壹毫康熙六年丈缺地壹拾壹項捌拾伍畝捌分捌厘十六年清出地貳項柒拾壹畝貳分玖厘柒毫伍絲貳忽實該地壹百貳拾陸項肆拾伍畝玖分貳厘捌

毫伍絲貳忽每畝徵銀肆分柒厘柒毫該銀陸百叁兩貳錢壹分柒毫玖絲肆微肆渺每畝徵米壹升陸合叁勺該米貳百陸石壹斗貳升捌合陸勺叁抄肆撮捌圭柒粟陸粒

中地叁項柒拾畝陸分叁厘肆毫康熙六年丈出地柒項叁拾捌畝肆分陸厘柒毫十六年清出地貳拾貳畝伍分玖厘肆絲實該地壹拾壹項叁拾壹畝陸分玖厘壹毫肆絲每畝徵銀肆分伍厘捌毫該銀伍拾壹兩捌錢叁分壹厘肆毫陸絲陸忽壹微貳塵每畝徵米壹升陸合叁勺該米壹拾捌石肆斗肆升陸合伍勺陸抄玖撮捌圭貳粟

下地陸拾陸項玖拾叁畝肆厘玖毫康熙六年丈

出地壹拾叁頃伍拾畝貳厘柒毫捌絲十六年清出地捌頃叁拾壹畝捌分貳毫壹絲貳忽實該地捌拾捌頃柒拾肆畝捌分柒厘捌毫玖絲貳忽每畝徵銀肆分伍厘叁毫該銀肆百貳兩叁分貳厘壹絲伍忽柒塵陸渺　每畝徵米壹升陸合叁勺該米壹百肆拾肆石陸斗陸升伍勺貳抄陸撮叁圭玖粟陸粒

全荒地陸頃玖畝康熙六年丈出地叁頃玖拾貳畝玖分陸厘陸毫十六年清出地貳頃貳拾陸畝捌分貳厘伍毫叁絲實該地壹拾貳頃貳拾捌畝柒分玖厘壹毫叁絲每畝徵銀壹分叁厘壹毫該銀壹拾陸兩玖分柒厘壹毫

陸絲陸
忽叁塵

山地壹百柒拾肆頃叁拾陸畝柒分叁厘壹毫康熙六年丈缺地叁頃玖拾壹畝肆分陸厘玖毫捌絲十六年清出地壹拾叁頃捌拾壹畝玖分柒厘柒毫陸絲實該地壹百捌拾肆頃貳拾柒畝貳分叁厘捌毫捌絲每畝徵銀壹分陸厘柒毫該銀叁百柒兩柒錢叁分肆厘捌毫捌絲柒忽玖徵陸塵

新墾山地貳拾玖畝陸分柒毫每畝徵銀壹分貳厘玖毫該銀叁錢捌分壹厘玖毫叁絲叁徵

開元寺長春觀龍王堂武肅王地陸拾肆畝捌分貳厘康熙六年丈出地叁畝柒分柒厘陸毫實該地陸拾捌畝伍分玖厘陸毫每畝徵銀玖毫該銀陸分壹厘柒毫叁絲陸忽肆微

山

原額山壹千陸百玖拾叁頃捌拾壹畝柒分伍厘玖毫康熙六年丈缺山貳拾畝叁分十六年清出出山陸拾伍頃貳拾捌畝壹分伍厘六毫叁絲實該山壹千柒百伍拾捌頃捌拾玖畝陸分壹厘伍毫叁絲每畝徵銀肆厘陸毫該銀捌百玖兩玖分貳厘貳毫叁絲叁微捌塵

原額平水闕山伍百肆拾玖頃柒拾伍畝貳分伍

厘柒毫康熙六年丈缺山壹拾畝貳分十六年實清出山壹頃叁拾柒畝壹分捌厘玖毫

該山伍百伍拾壹頃貳畝貳分肆厘陸毫每畝徵銀伍厘

該銀貳百柒拾伍兩伍錢壹分壹厘貳毫叁絲

新墾山肆分叁厘捌毫每畝徵銀叁厘伍毫該銀壹厘伍毫叁絲叁忽

蕩

原額蕩玖頃捌拾伍畝壹分捌厘肆毫康熙六年丈出蕩壹畝玖分叁厘陸毫十六年清出蕩貳拾貳畝玖分伍厘叁毫

實該蕩壹拾頃壹拾畝柒厘叁毫每畝徵銀貳分玖毫該銀貳拾壹兩壹錢壹分伍毫貳絲伍忽柒微

每畝徵米陸合柒勺該米陸石柒斗陸升柒合肆勺捌抄玖撮壹圭

池塘漊

原額池塘漊伍頃捌拾捌畝肆分肆厘叁毫　康熙陸年丈出池塘漊貳頃肆拾貳畝玖分玖厘壹毫捌絲肆忽　十六年清出池塘漊壹頃陸拾畝伍分捌厘柒絲

實該池塘漊玖頃玖拾貳畝壹厘伍毫伍絲肆忽

每畝徵銀壹分伍厘柒毫該銀壹拾伍兩伍錢柒分肆厘陸毫肆絲叁忽玖微柒塵捌渺

每畝徵米肆合叁勺該米肆石貳斗陸升伍合陸勺陸抄陸撮捌圭貳粟貳粒

鈔蕩

原額鈔蕩捌拾柒頃柒拾伍畝陸分　康熙六年丈出鈔蕩捌頃貳拾肆畝玖分壹厘伍毫　十六年清出鈔蕩壹拾貳頃柒畝玖分壹厘叁毫陸絲

實該鈔

蕩壹百捌項捌畝肆分貳厘捌毫陸絲每畝徵銀壹分叁厘叁毫該銀壹百肆拾叁兩柒錢伍分貳厘壹毫叁微捌塵

人丁

原額人丁貳萬伍百肆拾玖丁口康熙六年清出叁拾伍丁伍分實該人丁貳萬伍百捌拾肆口伍分內市民貳千伍百肆拾捌口康熙六年清出市丁貳口實該人口貳千伍百伍拾口每口徵銀壹錢陸分貳厘該銀肆百壹拾叁兩壹錢

鄉民成丁壹萬壹千貳百陸拾肆口伍分康熙六

年清出成丁貳拾捌口伍分實該成丁壹萬壹千貳百玖拾叁口每口徵銀壹錢捌分該銀貳千叁拾貳兩柒錢肆分　每口徵米叁合玖勺該米肆拾肆石肆升貳合柒勺

新墜人口陸拾叁口伍分每口徵銀壹錢捌分該銀壹拾壹兩肆錢叁分每口徵米叁合玖勺該米貳斗肆升柒合陸勺伍抄

不成丁叁千捌百捌拾陸口康熙六年清出不成丁伍口實該不成丁叁千捌百玖拾壹口每口徵銀壹錢伍分該銀伍百捌拾叁兩陸錢伍分

竈戶

竈戶貳千柒百捌拾柒口每口徵銀壹分該銀貳拾柒兩捌錢柒分〇每口徵米壹合叁勺該米叁石陸斗貳升叁合壹勺

紳衿優免銀壹千肆百柒拾貳兩伍錢貳厘陸毫內順治十五年裁銀壹千叁百陸拾伍兩陸錢伍分貳厘康熙十五年全裁

額徵

以上田地山蕩池塘漊八丁等項共徵銀伍萬叁千伍百伍拾叁兩柒錢伍分捌厘捌毫捌絲捌忽捌微伍渺加收零積餘米改徵銀叁拾壹兩肆錢肆厘陸毫玖絲伍忽玖微又孤貧口糧米改徵銀

玖百伍拾肆兩每額徵銀壹兩加徵蠟茶顏料新加時價捌毫伍絲肆忽陸微陸塵玖渺陸漠肆纖捌沙實新加銀肆拾伍兩肆錢捌分肆厘玖毫肆忽肆微伍塵柒渺伍漠逡共實徵銀伍萬肆千伍百捌拾肆兩陸錢肆分捌厘肆毫捌絲玖忽壹微陸塵貳渺伍漠

共徵米壹萬壹千肆百陸拾壹石叁斗壹升捌合伍勺伍抄壹撮陸圭壹粟捌粒除收零積餘米叁拾壹石肆斗肆合陸勺玖抄伍撮玖圭孤貧口糧米玖

百伍拾肆石俱改米徵銀每米壹石減米捌升伍合玖勺柒抄陸撮伍圭伍粟伍粒玖黍陸糲陸糠貳粃改徵銀捌分伍厘玖毫柒絲陸忽伍微伍塵伍渺玖漠陸埃陸纖貳沙實徵米壹萬肆百柒拾伍石玖斗壹升叁合捌勺伍抄伍撮柒圭壹粟捌粒　外賦不入地丁科徵銀壹百伍拾兩捌錢叁分叁厘陸毫陸絲肆忽玖微玖塵肆渺陸漠內塩課曹娥塲小金團稅并車珠銀壹兩伍錢貳分叁厘肆毫陸絲肆忽玖微玖塵肆渺陸漠本縣課鈔

銀壹兩陸錢陸分伍厘貳毫　油榨窑冶茶株等戶
出辦歸經費用本縣河泊所課鈔銀陸兩柒錢伍
分船戶鳥戶出辦歸經費用　匠班銀壹百肆拾兩
捌錢玖分伍厘匠戶出辦以上地丁并外賦共實
徵銀伍萬肆千柒百叁拾伍兩肆錢捌分貳厘壹
毫伍絲肆忽壹微伍塵柒渺壹漠內
起運銀肆萬玖百捌兩叁錢陸分貳厘陸毫柒絲
肆忽肆微柒塵柒渺　內不入地丁外賦匠辦銀壹百肆拾兩捌錢玖分伍厘
鹽課銀叁百玖拾柒兩貳錢捌分壹厘

陸毫叁忽柒微貳塵伍渺陸漠貳埃伍纖內小金團稅
壹兩貳分叁厘肆毫陸絲
肆忽玖微玖塵肆渺陸漠
漕運銀伍千伍百玖拾貳兩叁錢叁分叁厘捌毫
肆絲玖忽玖微伍塵肆渺叁漠捌埃伍纖
驛站銀叁千貳百捌拾捌兩玖錢肆分陸厘陸毫
貳絲陸忽
存留銀肆千伍百肆拾捌兩伍錢伍分柒厘肆毫
內課鈔銀捌兩肆錢壹分伍厘貳毫
奉文徵錢

一件仰奉　綸音事奏　督撫二院案驗准　戶部

咨開除起運鹽課漕運等項例徵全銀外其餘驛

站存留經費俸工襍支等項定例銀米錢叁收放

等因奉此遵照原額驛站存留二項應徵叁分錢

貳百叁拾萬叁千肆百柒拾叁文伍分陸厘捌毫

柒絲內除裁餉徵銀起解外其餘各欵叁分徵錢

支放實徵米壹萬肆百柒拾伍石玖斗壹升叁合

捌勺伍抄伍撮柒圭壹粟捌粒

漕運米叁千伍百捌拾陸石玖斗陸升伍勺

存留米陸千捌百伍拾玖石伍斗貳升伍合壹勺伍抄柒圭玖粟肆粒

起運

戶部項下

夏稅

京庫折銀麥陸百伍拾肆石肆斗捌升陸合肆勺每石折銀貳錢伍分該銀壹百陸拾叁兩陸錢貳分壹厘陸毫每兩滴珠路費貳分柒厘該銀肆兩肆錢壹分柒厘柒毫捌絲叁忽貳微

農桑折絹捌疋壹丈玖寸壹分貳厘全折坐派銀肆兩陸錢叁

分柒厘伍毫每兩路費壹分該銀肆分陸
厘叁毫柒絲伍忽原解江南今改解京

秋糧

京庫折銀米壹萬壹千肆百捌拾捌石柒斗捌升
貳合玖勺每石折銀貳錢伍分該銀貳千捌百柒拾貳兩壹錢玖分伍厘柒毫貳絲伍忽
每兩加滴珠路費貳分柒厘該銀柒拾柒兩伍
錢肆分玖厘貳毫捌絲肆忽伍微柒塵伍渺
派剩米陸百壹拾玖石壹斗貳升陸合叁抄內米貳百
陸拾捌石捌斗柒合壹勺肆抄壹撮玖圭每石折
銀柒錢該銀壹百捌拾捌兩壹錢陸分肆厘玖毫
玖絲玖忽叁微叁塵又米叁百伍拾石叁斗壹升
捌合捌勺捌抄捌撮壹圭每石折銀陸錢該銀貳
百壹拾兩壹錢玖分壹厘叁毫叁絲貳忽捌微陸
塵貳項共銀叁百玖拾捌兩叁錢伍分陸厘叁毫

叁絲貳忽壹微玖塵每兩加路費壹分貳厘該銀
肆兩柒錢捌分貳厘柒絲伍忽玖微捌塵陸渺貳
漠捌
埃
折色顏價銀壹百玖拾伍兩肆錢叁分柒厘每兩路費
壹分該銀壹兩玖錢
伍分肆厘叁毫柒絲
富戶銀貳拾兩每兩路費壹
分該銀貳錢
昌平州銀肆兩每兩路費壹分該銀肆
分於備用銀內扣解
芽茶叁拾伍觔柒兩壹錢玖分伍厘原額芽茶玖
拾捌觔壹兩
伍錢于順治十年六月內會議改徵折色實該前
數每觔價銀壹錢貳分該銀肆兩貳錢伍分叁厘
玖毫陸絲貳忽伍微每兩加路費壹分該銀
肆分貳厘伍毫叁絲玖忽陸微貳塵伍渺

葉茶陸拾柒觔壹拾肆兩貳錢每觔價銀肆分該銀貳兩柒錢壹分伍厘伍毫每兩路費壹分該銀貳分柒厘壹毫伍絲伍忽

黃蠟壹百陸拾伍觔壹拾伍兩捌錢柒分肆厘原額黃蠟貳百壹拾陸觔壹拾伍兩貳錢伍分于順治十年六月內會議改徵折色實該前數每觔價銀叁錢肆分該銀伍拾陸兩肆錢叁分柒厘叁毫貳絲貳忽伍微每兩路費壹分該銀伍錢陸分肆厘叁毫柒絲叁忽貳微貳塵伍渺

原解江南藥價銀叁錢捌分叁厘貳毫叁絲肆忽津貼路費銀柒分陸厘陸毫肆絲陸忽捌微

南部解新皂隸銀捌拾陸兩壹錢每兩路費壹分該銀捌錢陸分

壹厘遇閏加銀柒
兩路費銀柒分
直堂把門看監看倉隸兵銀貳拾兩陸錢每兩路費壹分
該銀貳
錢陸厘
顏料改折價墊損解路費共銀貳百肆拾伍兩陸
錢伍分陸毫陸絲叁忽貳微壹塵貳渺伍漠內順治十
年六月內奉
旨會議改徵折色銀硃叁拾叁觔壹拾壹兩貳錢捌
分每觔價銀貳兩玖錢陸分鋪墊壹錢壹分　賦
硃壹拾叁兩肆分每觔價銀叁錢鋪墊壹錢壹分
烏梅肆拾柒觔陸兩捌錢捌分每觔價銀肆分
鋪墊壹分壹厘　黑鉛壹拾柒觔壹拾肆兩捌錢
陸分每觔價銀柒分鋪墊壹分壹厘　五棓子玖
觔柒兩伍錢柒分貳厘伍毫每觔價銀柒分鋪墊

壹分壹厘　生漆壹百捌拾叁斤陸兩柒錢伍分
伍厘每斤價銀貳錢鋪墊壹分陸厘　嚴漆改泒
生漆壹百壹拾叁斤陸兩捌錢伍分每斤價銀貳
錢鋪墊壹分陸厘　嚴漆壹百柒拾斤貳兩陸錢
柒分伍厘每斤價銀貳錢肆分鋪墊壹分陸厘
黃蠟叁拾叁斤玖錢叁分貳厘伍毫每斤價銀叁
錢貳分鋪墊壹分陸厘　黃熟銅伍斤玖錢肆分
每斤價銀壹錢壹分叁厘鋪墊壹分陸厘桐油伍
拾叁斤玖錢肆分每斤價銀陸分鋪墊捌厘　水
牛角伍副每副價銀玖錢伍分鋪墊陸分肆厘
以上通共價銀貳百貳拾叁兩壹錢貳分陸毫肆
絲叁忽肆微叁塵柒渺伍漠原額鋪墊銀壹拾叁
兩肆錢肆分陸厘玖毫柒絲肆忽捌微肆塵叁渺
柒漠伍埃原額解損銀玖兩捌分叁厘肆絲肆忽
玖微叁塵壹渺貳漠伍埃今改徵折銀三項共加
路費每兩壹分該銀貳兩肆錢伍分陸厘伍毫陸
忽陸微叁塵貳渺
壹漠貳埃伍纖

鹽鈔

額鈔肆百叁拾伍錠叁貫折銀貳兩肆錢捌分玖厘肆毫伍絲肆忽　折色銅錢肆千叁百伍拾陸文折銀陸兩貳錢貳分貳厘捌毫伍絲柒忽壹微肆塵貳渺捌漠俱每兩加路費壹分貳厘該銀壹錢肆厘伍毫肆絲柒忽柒微叁塵叁渺柒漠壹埃叁纖陸沙

有閏加鈔叁拾柒錠肆貫該銀貳錢壹分叁毫壹絲貳忽　折色銅錢叁百陸拾捌文該銀伍錢貳分伍厘柒毫壹絲肆忽貳微捌塵伍渺捌漠貳項共加

路費銀捌厘捌毫叁絲貳忽叁微
壹塵伍渺肆漠貳埃玖纖陸沙
九厘銀陸千貳百伍拾貳兩伍分柒厘肆毫肆絲
每兩路費柒厘該銀肆拾叁兩
柒錢陸分肆厘肆毫貳忽捌塵
以上戶部項下折色共銀壹萬叁百叁拾伍兩壹
錢伍分捌厘伍毫玖絲伍微肆塵伍渺叁漠　路
費銀共壹百叁拾柒兩玖分壹厘貳毫伍絲玖忽
捌微伍塵柒渺壹漠壹埃捌纖陸沙
禮部項下折色
牲口銀叁拾柒兩每兩路費壹分該銀叁錢柒分

藥材折色銀玖兩玖錢捌分壹厘捌毫玖絲津貼路費銀肆兩玖錢玖分玖毫肆絲伍忽內扣解包裹紅黃紙價銀貳錢玖分叁厘陸絲貳忽伍微

光祿寺果品銀壹拾柒兩肆錢

菉筍銀伍兩肆錢陸分玖厘二項俱每兩加路費壹分該銀貳錢貳分捌厘陸毫玖絲

以上禮部項下折色共銀陸拾玖兩捌錢伍分捌毫玖絲　路費共銀伍兩伍錢捌分玖厘陸毫叁絲伍忽

工部項下折色

白硝麂皮三張狐狸皮一張每張價銀陸錢該銀貳兩肆錢奉文留省

織造段
疋支用

雕塡匠役銀叁兩伍錢玖分伍厘壹毫每兩路費壹分該銀
叁分伍厘玖毫伍絲壹忽遇閏加銀貳錢玖
分玖厘伍毫路費銀貳厘玖毫玖絲伍忽

桐油叁百捌拾壹觔壹拾兩捌錢捌分原額桐油柒百陸拾
叁觔伍兩柒錢陸分奉文本折中半折色實該前
數每觔價銀貳分叁厘柒毫伍絲該銀玖兩陸分
肆厘玖毫每觔墊費捌分該銀叁拾兩伍錢叁分
肆厘肆毫二共銀叁拾玖兩伍錢玖分玖厘叁毫
今徵折色每兩路費壹分該銀
叁錢玖分伍厘玖毫玖絲叁忽

漆木料銀肆兩肆錢肆分伍厘玖毫

弓改作角貳百壹拾副原額每副貳錢玖分順治叁年伍月奉文改解折色
又于拾貳年正月奉文每副增銀貳兩柒錢壹分
共銀陸百叁拾兩每兩路費壹分該銀陸兩叁錢

箭壹千玖百玖枝原額每枝價銀壹分捌厘于順治叁年伍月內題
准改解折色每枝增銀捌分貳
厘共該銀壹百玖拾兩玖錢

弦壹千肆拾柒條原額每條價銀伍分肆厘順治叁年伍月內題
准改解折色每條增銀肆分
陸厘共該銀壹百肆兩柒錢

胖襖褲鞋肆拾壹副陸分陸厘壹毫叁絲原額每副價銀
壹兩伍錢順治叁年陸月內奉文改解折色每副
增銀壹兩貳錢共該銀壹百壹拾貳兩肆錢捌分
伍厘伍
毫壹絲

四司工料銀肆百貳拾兩叁錢

歲造段疋銀肆百肆拾柒兩肆錢伍分捌厘伍毫遇閏加銀貳拾貳兩玖分柒厘伍毫陸絲貳忽捌微肆塵貳渺陸漠二項解司織造段疋支用

軍三軍器并路費銀貳百壹拾伍兩肆錢陸分壹厘伍毫內辦盔甲腰刀壹拾伍副貳分壹厘玖毫叁忽捌微肆塵陸渺壹漠伍埃叁纖捌沙

盔每頂價銀叁兩伍錢甲每副價銀柒兩伍錢腰刀每口價銀貳兩共該價銀壹百玖拾玖兩捌錢肆分柒厘伍毫路費銀壹拾伍兩陸錢壹分肆厘係原額銀陸拾貳兩叁錢伍分玖厘路費銀壹拾伍兩陸錢壹分肆厘順治叁年伍月奉文增銀壹百叁拾柒兩肆錢捌分捌厘伍毫

銀壹百玖拾貳兩叁錢捌分柒厘柒毫

內辦盔甲腰刀壹拾肆副柒分玖厘伍忽叁微捌
塵肆渺陸漠壹埃伍纖肆沙盔每頂價銀叁兩伍
錢甲每副價銀柒兩伍錢腰刀每口價銀貳兩共
該銀壹百玖拾貳兩叁錢捌分柒厘柒毫內原額
銀陸拾兩陸錢叁分捌厘貳毫順治叁年伍月
奉文增銀壹百叁拾壹兩柒錢肆分玖厘伍毫

軍器路費銀伍兩柒錢肆厘肆毫

以上工部項下折色共銀貳千叁百陸拾玖兩肆
錢叁分柒厘玖毫壹絲　路費銀陸兩柒錢叁分
壹厘玖毫肆絲肆忽

戶部項下本色

顏料本色銀硃貳拾貳觔捌兩 原額銀硃伍拾陸觔叁兩貳錢捌分

于順治拾年奉

旨徵本色銀硃貳拾貳觔捌兩每觔原價肆錢陸分鋪墊壹錢壹分

臙硃柒觔捌錢原額臙硃柒觔壹拾叁兩捌錢肆分順治拾年奉

旨徵本色臙硃柒觔捌錢每觔原價壹錢伍分鋪墊壹錢

烏梅壹拾伍觔原額烏梅陸拾貳觔陸兩捌錢捌分順治拾年奉

旨徵本色烏梅壹拾伍觔每觔原價貳分鋪墊壹分壹厘

黑鉛貳拾壹觔原額黑鉛叁拾捌觔壹拾肆兩捌錢陸分順治拾年奉

旨徵本色黑鉛貳拾壹觔每觔原價叁分伍厘鋪墊壹分壹厘

五棓子貳觔壹兩伍錢捌分柒厘伍毫原額五棓子壹拾壹

觔玖兩壹錢陸分順治拾年奉
旨徵本色五棓子貳觔壹兩伍錢捌分柒厘伍毫每
觔原價叁分伍厘
鋪墊壹分壹厘
生漆壹拾觔玖兩伍錢貳分伍厘　原額生漆壹百玖拾肆觔貳錢
捌分順治拾年奉
旨徵本色生漆壹拾觔玖兩伍錢貳分伍厘每觔原
價壹錢鋪墊
壹分陸厘
嚴漆改派生漆陸觔玖兩壹錢伍分　原額漆壹百貳拾觔順治
拾年奉
旨徵本色生漆陸觔玖兩壹錢伍分每觔原價壹錢
鋪墊壹
分陸厘
嚴漆玖觔壹拾叁兩叁錢貳分伍厘　原額嚴漆壹百捌拾觔順

治拾年奉
旨徵本色嚴漆玖觔壹拾叁兩叁錢貳分伍厘每觔
原價壹錢貳分
鋪墊壹分陸厘
黃蠟壹拾觔貳兩叁錢捌分柒厘伍毫　原額黃蠟肆拾叁觔
叁兩叁錢貳分順治拾年奉
旨徵本色黃蠟壹拾觔貳兩叁錢捌分柒厘伍毫每
觔原價銀壹錢陸
分鋪墊壹分陸厘
黃熟銅貳拾貳觔捌兩　原額銅貳拾柒觔捌兩玖錢肆分順治拾年奉
旨徵本色黃熟銅貳拾貳觔捌兩每觔
原價壹錢壹分叁厘鋪墊壹分捌厘
桐油壹百叁拾陸觔捌兩　原額桐油壹百捌拾玖觔捌兩玖錢肆分順治
拾年奉
旨徵本色桐油壹百叁拾陸觔捌兩每觔原價叁分

鋪墊捌厘　以上顏料通共正價銀貳拾叁兩墊錢柒分肆厘叁忽玖微陸渺貳漠伍埃鋪墊銀伍兩柒錢壹分伍厘玖毫柒絲捌忽玖微陸渺貳漠伍埃每正價壹兩給解損路費銀壹錢貳分該銀貳兩捌錢肆分捌毫捌絲肆微陸塵捌渺柒漠伍埃每年于二月間　督撫確估時價　題明造入
易知由單
徵銀辦解

黃蠟伍拾觔壹拾伍兩叁錢柒分陸厘　原額黃蠟貳百壹拾陸觔壹拾伍兩貳錢伍分于順治拾年陸月內奉
旨仍徵本色黃蠟伍拾觔壹拾伍兩叁錢柒分陸厘
每觔料價銀壹錢柒分該銀捌
兩陸錢陸分叁厘叁毫柒絲

芽茶陸拾貳觔壹拾兩叁錢伍厘　原額芽茶玖拾捌觔壹兩伍錢
于順治拾年陸月內奉
旨仍徵本色芽茶陸拾貳觔壹拾兩叁錢伍厘每觔

料價銀陸分該銀叄兩柒錢伍分捌厘陸毫肆絲叄忽柒微伍塵二項于每年貳月間　督撫確估時價　題明造入易知由單徵銀辦解

以上戸部項下本色共銀叄拾陸兩玖分陸厘壹絲柒忽陸微伍塵陸渺貳漠伍埃　鋪墊解損路費銀捌兩伍錢伍分陸厘捌毫伍絲玖忽叄微柒塵伍渺

禮部項下本色

藥材料價正銀貳兩捌錢玖分壹厘叄毫陸忽內辦本色紫石英叄錢陸分陸厘陸毫　黃蘗子叄觔捌錢玖分貳厘　牡丹皮壹觔叄錢　南星壹拾

觔叁兩　半夏壹拾觔觔叁兩　白芍藥叁拾觔觔捌兩玖錢貳分　茯苓壹拾伍觔肆兩肆錢陸分　吳茱萸壹觔叁錢　天門冬壹觔叁錢　猪牙皂角捌兩壹錢伍分　津貼路費銀壹兩肆錢肆分伍厘陸毫伍絲叁忽辦料解司轉解

薦新茶芽貳拾貳觔黃絹袋袱旗號雙損路費銀貳拾兩　解府具本解部

以上禮部項下本色銀貳兩捌錢玖分壹厘叁毫陸忽　袋袱雙損路費等銀貳拾壹兩肆錢肆分伍厘陸毫伍絲叁忽

工部項下本色

桐油叁百捌拾壹觔壹拾兩捌錢捌分原額桐油柒百陸拾叁觔伍兩柒錢陸分奉文本折中半本色實該前數每觔價銀貳分叁厘柒毫伍絲該銀玖兩陸分肆厘玖毫每觔墊費捌分該銀叁拾兩伍錢叁分肆厘肆毫辦料解司轉解

以上工部項下本色銀玖兩陸分肆厘玖毫　墊費銀叁拾兩伍錢叁分肆厘肆毫

以上起運各部寺銀壹萬貳千捌百貳拾貳兩肆錢玖分玖厘陸毫壹絲肆忽貳微壹渺伍漠伍埃

路費銀貳百玖兩玖錢肆分玖厘柒毫伍絲壹忽貳微叁塵貳渺壹漠壹埃捌纖陸沙

漕運官丁本折月糧

貢具銀壹百叁拾伍兩肆錢柒分叁厘玖毫柒絲叁忽肆微肆塵柒渺玖漠伍埃

領運官丁原額月糧本色米叁千伍百捌拾陸石玖斗陸升伍勺內給紹興衛運丁米叁千壹百捌拾柒石壹斗伍升捌合伍勺協濟杭州前右二衛運丁米叁百玖拾玖石捌斗貳合

領運官丁新改月糧米折銀柒千貳百壹拾叁兩伍錢肆分貳厘貳毫伍絲貳忽壹微伍塵貳渺伍埃原額如坻倉本色米伍千陸百叁拾陸石捌斗玖升伍合伍勺陸撮陸圭順治拾貳年欽奉

恩詔本折均平　督撫　題明每石折銀壹兩該銀貳千玖拾兩玖錢叁分伍厘陸忽陸微并同原折色銀陸千捌百陸拾貳兩伍錢捌分玖厘伍毫貳絲柒忽內支銀伍千壹百貳拾貳兩陸錢柒厘貳毫肆絲伍忽伍微伍塵貳渺伍埃共足柒千貳百壹拾叁兩伍錢肆分貳厘貳毫伍絲貳忽壹微伍塵貳渺伍埃內柒分給發運丁月糧米折銀伍千肆拾玖兩肆錢柒分玖厘伍毫柒絲陸忽伍微陸渺肆漠叁埃伍纖叁分撥運軍儲銀貳千壹百陸拾肆兩陸分貳厘陸毫柒絲伍忽陸微肆塵伍渺陸漠壹埃伍纖解充餉用餘銀解貢具兵餉

以上漕務各項銀柒千叁百肆拾玖兩壹分陸厘貳毫貳絲伍忽陸微內撥還軍儲充餉銀貳千壹百陸拾肆兩陸分貳厘陸毫柒絲伍忽陸微肆塵伍渺陸漠壹埃伍纖米叁千伍百捌拾陸石玖斗

陸升伍勺

遇閏加銀貳百肆拾玖兩肆錢捌分內柒分給軍銀壹百柒拾肆兩陸錢叁分陸厘叁分充餉銀柒拾肆兩捌錢肆分肆厘加米貳百柒拾玖石伍斗捌升肆合

留充兵餉

田地山銀叁千肆百叁拾叁兩壹錢貳分貳厘柒毫貳絲玖忽

預備秋米并扣餘米折充餉銀共貳千柒百肆兩叁錢伍分肆厘貳毫

均傜充餉銀壹百伍拾兩

民壯充餉銀伍百捌拾兩貳錢遇閏加銀伍拾陸兩肆錢

曆日充餉銀陸兩伍錢伍分

本府倉歲餘米充餉銀壹千玖百貳拾捌兩貳分

肆厘捌毫柒絲貳忽伍微

舊額撥充餉銀陸百肆拾柒兩陸錢捌分貳厘伍

毫

續撥軍儲充餉銀壹千壹百貳拾陸兩叁錢貳分

叁厘叁毫伍絲

會裁冗役銀壹千叁百柒拾兩伍分陸厘叁絲貳忽有閏加銀肆拾貳兩柒錢肆分貳厘叁毫捌絲肆忽

南折充餉銀叁千壹百壹拾肆兩貳分肆厘玖毫

軍儲餘存充餉銀肆千柒百叁拾壹兩玖錢陸厘陸毫捌絲肆微貳塵伍渺

以上兵餉通共壹萬玖千柒百玖拾貳兩貳錢叁分玖厘捌毫陸絲叁忽玖微貳塵伍渺

遇閏加預備米折充餉銀貳拾叁兩捌錢貳分陸厘壹毫肆絲伍忽捌微叁塵

存留

本府拜進

表箋綾函紙劄寫表生員工食委官盤纏香燭等銀

叁兩貳錢玖分貳釐順治十四年裁□銀伍錢伍分伍釐康熙十一年全裁

官員經費俸廩欵項

布政司

廣濟庫庫夫壹拾柒名每名銀壹拾貳兩共銀

貳百肆兩遇閏加銀壹拾柒兩順治十四年連閏裁半康熙十

六年連閏全裁二十年 恩詔內開二十二年爲始復給一半

布政司右布政使康熙六年裁

快手六名每名銀柒兩貳錢共銀肆拾叁兩貳錢遇閏加銀叁兩陸錢順治十四年遇閏裁柒兩捌錢康熙六年全裁

鋪兵二名每名銀柒兩貳錢共銀壹拾肆兩肆錢遇閏加銀壹兩貳錢順治十四年遇閏裁貳兩陸錢康熙陸年全裁

分守寧紹台道康熙拾叁年改分巡寧紹道

快手一十二名每名銀柒兩貳錢共銀捌拾陸兩肆錢遇閏加銀柒兩貳銀順治十六年裁銀壹拾肆兩肆錢又裁閏銀壹兩貳錢康熙十六年全裁貳拾年

恩詔內開載貳拾貳年復給

兵巡紹台道康熙六年裁

門子四名每名銀柒兩貳錢共銀貳拾捌兩捌錢遇閏加銀貳兩肆錢順治十四年連閏裁伍兩貳錢康熙六年全裁

舖兵二名每名銀柒兩貳錢共銀壹拾肆兩肆錢遇閏加銀壹兩貳錢順治十四年連閏裁貳兩陸錢康熙六年全裁

本府同知

燈夫二名每名銀柒兩貳錢共銀壹拾肆兩肆錢遇閏加銀壹兩貳錢順治九年裁銀貳兩肆錢又裁閏銀貳錢康熙十六年全裁二十年恩詔內開載二十二年復給

轎傘扇夫柒名每名銀柒兩貳錢共銀伍拾兩
肆錢遇閏加銀肆兩貳錢順治九年裁銀捌兩肆錢又裁閏銀柒錢
康熙十七年全裁二十年恩
詔內開載二十二年分復給

推官康熙六年裁

俸銀貳拾柒兩肆錢玖分遇閏加銀叁兩柒錢
肆分玖厘玖毫薪銀叁拾陸兩心紅紙張油燭
銀貳拾兩又於條用柒分銀內支銀壹拾兩條
宅家伙銀壹拾兩卓幃傘扇銀壹拾兩順治十二年家
伙銀全裁卓幃銀裁捌存貳共裁銀壹拾捌兩
順治十四年裁傘扇銀貳兩油燭銀壹拾兩俸

薪銀壹拾捌兩肆錢玖分順治十六年裁閏銀叁兩柒錢肆分九厘玖毫康熙六年分全裁

吏書八名每名銀壹拾兩捌錢共銀捌拾陸兩肆錢遇閏加銀柒兩貳錢順治九年裁銀叁拾捌兩肆錢又裁閏銀叁兩貳錢康熙元年全裁

門子二名每名銀柒兩貳錢共銀壹拾肆兩肆錢遇閏加銀壹兩貳錢順治九年連閏裁銀貳兩陸錢康熙六年全裁

步快八名每名銀柒兩貳錢共銀伍拾柒兩陸錢遇閏加銀肆兩捌錢順治玖年連閏裁銀拾兩肆錢康熙六年全裁

皂隸一十二名每名銀柒兩貳錢共銀捌拾陸

兩肆錢遇閏加銀柒兩貳錢順治九年裁銀壹拾肆兩肆錢又裁閏月銀壹兩貳錢康熙陸年全裁

照磨

俸銀壹拾玖兩伍錢貳分遇閏加銀貳兩陸錢貳分陸厘陸毫薪銀壹拾貳兩順治十六年裁加閏銀貳兩陸錢貳分陸厘陸毫康熙十六年裁銀壹拾伍兩柒錢伍分貳拾壹年復留

書辦一名銀柒兩貳錢遇閏加銀陸錢順治九年連閏裁銀壹兩叁錢康熙元年全裁

門子一名銀柒兩貳錢遇閏加銀陸錢順治九年連閏

裁銀壹兩叁錢康熙十七年全裁貳拾
年　恩詔內開載貳十二年分復給
皂隸四名每名銀柒兩貳錢共銀貳拾捌兩捌
錢遇閏加銀貳兩肆錢　順治九年裁銀肆兩捌
錢又裁閏銀四錢康熙
十六年全裁二十年　恩
詔內開載二十二年復給
馬夫一名銀柒兩貳錢遇閏加銀陸錢　順治九
年連閏
裁銀壹兩叁錢康熙十七年全裁二十
年　恩詔內開載二十二年分復給
三江倉大使　順治十三年裁
俸銀壹拾玖兩伍錢貳分遇閏加銀貳兩陸錢
貳分陸釐陸毫薪銀壹拾貳兩　順治十三年裁

書辦一名銀柒兩貳錢遇閏加銀陸錢順治九年裁閏裁銀壹兩叁錢順治十三年全裁

皂隷二名每名銀柒兩貳錢共銀壹拾肆兩肆錢遇閏加銀壹兩貳錢順治九年連閏裁貳兩陸錢順治十三年全裁

三江錢清曹娥大使三員

俸銀每員壹拾玖兩伍錢貳分共銀伍拾捌兩伍錢陸分遇閏加銀柒兩捌錢柒分玖厘捌毫

薪銀每員壹拾貳兩共銀叁拾陸兩順治十六年裁閏銀柒兩捌錢柒分玖厘捌毫康熙十六年每員裁銀壹拾伍兩柒錢陸分康熙二十一年復留

書辦各壹名每名銀柒兩貳錢共貳拾壹兩陸錢遇閏加銀壹兩捌錢順治九年連閏裁銀叁兩玖錢康熙九年全裁

皂隸各二名每名銀柒兩貳錢共銀肆拾叁兩貳錢遇閏加銀叁兩陸錢順治九年裁銀柒兩貳錢又裁閏銀陸錢康熙十七年全裁

東關驛丞

俸銀壹拾玖兩伍錢貳分遇閏加銀貳兩陸錢貳分陸厘陸毫薪銀壹拾貳兩順治十六年裁閏月銀貳兩陸錢貳分陸厘陸毫康熙十六年裁銀壹拾伍兩柒錢陸分二十一年復留

書辦一名銀柒兩貳錢詳定于驛傳銀內撥給

遇閏加銀陸錢 順治九年裁銀壹兩貳錢又裁閏銀壹錢康熙元年全裁

皂隸二名每名銀柒兩貳錢共銀壹拾肆兩肆

錢詳定于驛傳銀內撥給遇閏加銀壹兩貳錢

順治九年裁銀貳兩肆錢又裁閏銀貳錢康熙十七年在驛傳銀內彙裁充餉二十二年復給

本縣知縣

俸銀貳拾柒兩肆錢玖分遇閏加銀叁兩柒錢

肆分玖厘玖毫薪銀叁拾陸兩心紅紙張油燭

銀叁拾兩脩宅家伙銀貳拾兩迎送上司傘扇

銀壹拾兩順治九年裁脩宅家伙銀貳拾兩順治十二年裁傘扇銀捌兩順治十四年裁傘扇銀貳兩油燭銀壹拾兩俸薪銀壹拾捌兩肆錢玖分順治十六年裁閏月銀叁兩柒錢肆分玖厘玖毫康熙十四年裁心紅貳拾兩俸薪銀肆拾伍兩二十一年復畱俸銀肆拾伍兩

吏書十二名每名銀壹拾兩捌錢共銀壹伯貳拾玖兩陸錢遇閏加銀壹拾兩捌錢順治九年裁銀伍拾柒兩陸錢又裁閏銀肆兩捌錢康熙元年全裁

門子二名每名銀柒兩貳錢共銀壹拾肆兩肆錢遇閏加銀壹兩貳錢順治九年裁銀貳兩肆又裁閏銀貳錢康熙

十六年全裁二十年　恩
詔內開裁二十二年復給
皂隸一十六名每名銀柒兩貳錢共銀壹百壹
拾伍兩貳錢遇閏加銀壹拾玖兩貳錢順治九年裁銀
壹拾玖兩貳錢又裁閏銀壹兩陸錢康熙十六
年全裁二十年　恩詔內開載二十二年復給
馬快八名每名工食銀柒兩貳錢陸路備馬製
械水路打造巡船以司緝探銀壹拾兩捌錢共
銀壹百肆拾肆兩遇閏加工食銀肆兩捌錢加
備械銀柒兩貳錢順治九年裁工食銀玖兩陸錢又裁閏銀捌錢康熙十四
年裁銀貳拾肆兩又裁閏銀貳兩十五年裁肆
拾叁兩貳錢十六年裁銀陸拾柒兩貳錢二十

年　恩詔內開載
二十二年復給
民壯五十名每名銀柒兩貳錢共銀叁百陸拾
兩遇閏加銀叁拾兩順治九年裁銀陸拾兩又裁閏銀伍兩康熙十四年
裁銀壹百伍拾兩又閏銀壹拾貳兩伍錢十六
年全裁二十年　恩詔內開載二十二年復給
燈夫肆名每名銀柒兩貳錢共銀貳拾捌兩捌
錢遇閏加銀貳兩肆錢順治九年裁銀肆兩捌錢又裁閏銀肆錢康熙
十六年全裁二十年　恩詔內開
載二十二年復給
看監禁卒八名每名銀柒兩貳錢共銀伍拾肆
兩陸錢遇閏加銀肆兩捌錢脩理監倉銀貳拾

兩　順治九年裁工食銀玖兩陸錢又裁閏銀捌錢康熙拾肆年裁脩理監倉銀貳拾兩十六年裁工食銀貳拾肆兩十七年裁壹拾貳兩二十年　恩詔內開載二十二年分復給工食銀

轎傘扇夫七名每名銀柒兩貳錢共銀伍拾兩肆錢遇閏加銀肆兩貳錢　順治九年裁銀捌兩肆錢又裁閏銀柒錢康熙十七年全裁貳十年　恩詔內開載二十二年分復給

庫書一名銀壹拾貳兩遇閏加銀壹兩　順治九年裁銀陸兩又裁閏銀伍錢康熙二年全裁

倉書壹名銀壹拾貳兩遇閏加銀壹兩　順治九年裁銀陸兩又裁閏銀伍錢康熙二年全裁

庫子肆名每名銀柒兩貳錢共銀貳拾捌兩捌
錢遇閏加銀貳兩肆錢 順治九年裁銀肆兩捌錢又裁閏銀肆錢康熙
十六年全裁二十年恩
詔內開載 十二年復給
斗級四名每名銀柒兩貳錢共銀貳拾捌兩捌
錢遇閏加銀貳兩肆錢 順治九年裁銀肆兩捌錢又裁閏銀肆錢康熙
十六年全裁二十年恩
詔內開載二十二年復給

縣丞
俸銀貳拾肆兩叁錢貳厘遇閏加銀叁兩叁錢
叁分叁厘叁毫薪銀貳拾肆兩 順治十四年裁銀捌兩叁錢貳

閏順治十六年裁閏銀叁兩叁錢叁分叁厘叁
毫康熙十六年裁銀貳拾兩二十一年復留
書辦一名銀柒兩貳錢遇閏加銀陸錢順治九年裁銀壹兩貳錢又裁閏銀壹錢康熙元年全裁
門子一名銀柒兩貳錢遇閏加銀陸錢順治九年裁銀壹兩貳錢又裁閏銀壹錢康熙十七年全裁二十年恩詔丙開載二十二年復給
皁隷四名每名銀柒兩貳錢共銀貳拾捌兩捌
錢遇閏加銀貳兩肆錢順治九年裁銀肆兩捌錢又裁閏銀肆錢康熙十六年全裁二十年恩詔丙開載二十二年復給
馬夫一名銀柒兩貳錢遇閏加銀陸錢順治玖年裁銀

壹兩貳錢又裁閏銀壹錢康熙十七年全裁二十年恩詔內開載二十二年復給

典史

俸銀壹拾玖兩伍錢貳分遇閏加銀貳兩陸錢貳分陸厘陸毫薪銀壹拾貳兩順治十六年裁閏銀貳兩陸錢貳分陸厘陸毫康熙十六年裁銀壹拾伍兩柒錢陸分二十一年復留

書辦一名銀柒兩貳錢遇閏加銀陸錢順治九年裁銀壹兩貳錢又裁閏銀壹錢康熙元年全裁

門子一名銀柒兩貳錢遇閏加銀陸錢順治玖年裁銀壹兩貳錢又裁閏銀壹錢康熙十七年全裁二十年恩詔內開載貳十二年復給

皂隸四名每名銀柒兩貳錢共銀貳拾捌兩捌錢遇閏加銀貳兩肆錢順治九年裁銀肆兩捌錢又裁閏銀肆錢康熙十六年全裁二十年恩詔內開載二十二年復給

馬夫一名銀柒兩貳錢遇閏加銀陸錢順治九年裁銀壹兩貳錢又裁閏銀壹錢康熙十七年全裁二十年恩詔內開載二十二年復給

本縣儒學教諭

俸銀壹拾玖兩伍錢貳分遇閏加銀貳兩陸錢貳分陸釐陸毫薪銀壹拾貳兩順治十六年裁閏銀貳兩陸錢貳分陸釐陸毫康熙十六年分半俸訓導支領

訓導康熙三年裁康熙十六年復設俸銀與教授各支壹半
俸銀壹拾玖兩伍錢貳分遇閏加銀貳兩陸錢
貳分陸厘陸毫薪銀壹拾貳兩順治十六年裁閏銀貳兩陸錢貳分陸厘陸毫康熙三年全裁
齋夫六名每名銀壹拾貳兩共銀柒拾貳兩遇
閏加銀陸兩康熙三年裁叁拾陸兩又裁閏銀叁兩十五年裁銀壹拾捌兩二十年恩詔內開載二十二年復給
膳夫八名每名銀壹拾兩共銀捌拾兩遇閏加
銀陸兩陸錢陸分陸厘陸毫順治十四年遇閏銀裁半充餉存半

廩生支領康熙十五年裁銀貳拾兩十六年全裁二十年　恩詔內開裁二十二年復給

門子五名內掌教三名分教二名每名銀柒兩貳錢共銀叁拾陸兩遇閏加銀叁兩康熙三年訓導奉裁裁銀壹拾肆兩肆錢又裁閏銀壹兩貳錢十六年裁銀壹拾肆兩肆錢十七年裁銀柒兩貳錢二十年　恩詔內開裁二十二年復給

學書一名銀柒兩貳錢遇閏加銀陸錢康熙二年全裁

喂馬草料銀每員壹拾貳兩共銀貳拾肆兩康熙三年訓導奉裁匕銀壹拾貳兩十四年裁銀陸兩十六年全裁

廩生二十名每名廩糧壹拾貳石每石折徵銀捌錢共該銀壹百玖拾貳兩順治十四年裁銀壹百貳拾捌兩存陸拾肆兩康熙二年分全裁

以上官役俸廩共銀貳千玖百貳拾捌兩柒錢陸分貳厘內除東關驛役銀貳拾壹兩陸錢在于驛傳銀內支給又外賦油榨窯冶茶株舡戶烏戶課鈔銀捌兩肆錢壹分伍厘貳毫湊抵外又續除節年裁扣充餉外實徵給銀壹千肆百肆拾叁兩陸錢肆分

驛站

本府驛站銀壹千捌百壹拾伍兩壹錢捌分陸厘陸毫貳絲陸忽（順治九年裁東關驛書皂銀叁兩陸錢康熙元年東關驛匕書銀陸兩康熙十七年裁肆充餉康熙二十一年復給貳分）

過往官員下程油燭柴炭銀壹百貳拾兩（順治十四年裁）

上司經臨及一應公幹過往官員合用心紅紙劄油燭柴炭門廚皂隷米菜銀叁拾兩（康熙八年全裁）

上司經臨并過往公幹官員合用門皂銀壹百兩（康熙八年全裁）

僱夫銀壹千壹百伍拾肆兩肆錢遇閏加銀玖拾陸兩貳錢順治十四年裁銀陸兩貳錢肆分又裁閏銀伍錢貳分康熙十七年裁肆充餉二十一年復給貳分

差船叁拾貳隻共銀貳百貳拾柒兩貳錢遇閏加銀壹拾叁兩捌錢康熙十七年裁肆充餉二十一年復給貳分

僱馬銀壹百伍拾叁兩遇閏加銀壹拾貳兩柒錢伍分順治十四年裁銀肆拾伍兩又裁閏銀叁兩柒錢伍分康熙十七年裁肆充餉二十一年復給貳分

鹽院完字號座船水手銀壹兩貳錢遇閏加銀壹

錢歸入運司欵內彚解
以上驛站共銀叁千陸百兩玖錢捌分陸厘陸毫
貳絲貳忽內除裁抑充餉并座船水手銀歸運司
欵內又續裁充餉復留貳分外實徵給銀叁千貳
百捌拾捌兩玖錢肆分陸厘伍毫貳絲貳忽內康
熙十七年續　奉裁肆充餉二十一年奉　詔復
留貳分遇閏加銀壹百壹拾捌兩肆錢捌分
祭祀賓輿
本府各祭祀銀壹百貳拾貳兩柒錢叁厘貳毫伍

絲康熙十五年裁半十六年有數內裁半十七年存數內又裁半十九年全復

諭祭銀陸兩陸錢陸分陸厘陸毫伍絲裁復與府祭同

芒神土牛春酒等銀肆兩康熙十六年裁半

本縣祭祀銀共柒拾壹兩裁復與府祭同內

文廟釋奠二祭共銀貳拾陸兩

啟聖公二祭共銀壹拾貳兩

鄉賢祠二祭共銀捌兩

城隍廟　土地祠各二祭共銀伍兩柒錢

四烈祠一祭銀叁兩叁錢　唐將軍二祭共銀捌兩　曹娥孝女祠二祭共銀捌兩以上俱縣祭内

文廟香燭銀壹兩陸錢康熙十七年裁半二十年恩詔内開載二十二年復給

迎春芒神土牛春酒銀叁兩康熙十六年裁半二十年恩詔内開載二十二年復給

曆日紙料銀拾肆兩捌錢伍分玖厘捌毫遇閏加紙銀貳錢壹分捌厘伍毫康熙十五年裁半二十一年復留解司

門神桃符銀叁兩貳錢順治十四年全裁

鄉飲酒禮二次銀貳拾兩順治十四年裁銀壹拾兩康熙十五年裁銀伍

兩十六年裁銀貳兩伍錢十七年全裁二十二年復給拾兩

提學道歲考心紅紙劄油燭柴炭吏書廩糧門皂米菜銀伍兩伍錢 順治十四年裁半康熙元年全裁

歲考生員合用試卷果餅激賞花紅紙劄筆墨并童生果餅進學花紅府學銀壹拾肆兩縣學銀叁拾伍兩 順治十四年裁半康熙元年全裁

提學道考試搭蓋篷廠工料銀叁兩 順治十四年裁半康熙元年全裁

季考生員每年量季二次合用試卷果餅激賞花

紅紙劄筆墨等項府學銀壹拾貳兩縣學銀陸拾兩〇順治十四年裁半康熙十四年裁貳拾壹兩十五年全裁

本府歲貢生員路費旗匾花紅酒禮銀柒錢伍分

本府歲貢生赴京路費銀叁拾兩以上二項康熙十四年裁半十五年全裁二十一年全復

各院觀風考試生員合用試卷果餅激賞花紅紙劄筆墨府學銀陸兩縣學銀叁拾兩康熙十五年全裁

雜支

分守道新任陞任復任合用祭門祭衙祭船猪羊三牲香燭銀貳錢捌分康熙十四年裁半十五年全裁

府縣新官到任祭門猪羊酒果香燭府銀貳兩柒錢陸分縣銀貳兩捌錢伍分康熙十五年全裁

府縣陞遷給由并應朝起程復任公宴祭門祭江猪羊三牲酒果香燭等項府銀貳兩縣銀貳兩

伍錢康熙十六年全裁

布政司解戶貳名每名銀叁拾兩共銀陸拾兩康熙拾肆年全裁二十二年復留解司

看守宋理宗廟門子壹名銀叁兩遇閏加銀貳錢伍分康熙十七年全裁二十年恩詔內開載二十二年分復給

看守三院公署門子壹名銀叁兩遇閏加銀貳錢伍分康熙十七年全裁二十年恩詔內開載二十二年分復給

本府巡盐應捕陸名每名銀柒兩貳錢共銀肆拾叁兩貳錢遇閏加銀叁兩陸錢康熙十四年裁半十六年全裁

二十年　恩詔內開
載二十二年復給
本縣巡鹽應捕捌名每名銀柒兩貳錢共銀伍拾
柒兩陸錢遇閏加銀肆兩捌錢康熙十四年裁半十六年全裁
二十年　恩詔內開
載二十二年復給
衝要壹拾壹鋪司兵肆拾伍名共銀叁百捌拾壹
兩遇閏加銀叁拾壹兩柒錢伍分內五雲鋪伍
名每名銀玖兩織女鋪臯部鋪茅洋鋪陶家堰
鋪瓜山鋪黄家堰鋪東關鋪小江鋪白米堰鋪
曹娥鋪各肆名每名銀捌兩肆錢偏僻二一鋪鋪司

兵陸名共銀肆拾叁兩貳錢遇閏加銀叁兩陸
錢內桑盆舖刷家舖各叁名每名銀柒兩貳錢
康熙十六年裁銀壹百肆拾捌兩陸錢十七年
裁銀壹百叁拾柒兩捌錢二十年　恩詔內開
載二十二年復給
各渡渡夫一十三名每名銀叁兩陸錢共銀肆拾
陸兩捌錢遇閏加銀叁兩玖錢內梁湖渡陸名
除工食外每名僱船銀貳兩肆錢于脩理王陵
餘銀內支給清江渡二名小江渡五名　順治十四年裁
半康熙十四年存數內裁半十七年存數內又
裁半二十年　恩詔內開載二十二年復給

看守玉山陡斗閘七夫二名三江大閘一名每名

銀叄兩共銀玖兩遇閏加銀柒錢伍分康熙十七年裁半二十年恩詔內開載二十二年復給

偹城民七料銀叄拾兩肆錢叄分壹厘康熙十四年裁銀伍兩伍錢柒分玖厘貳毫十五年全裁解司

偹理官船水手銀叄拾捌兩遇閏加役銀貳兩伍錢康熙十四年全裁

偹理府縣鄉飲公宴祭祀新官到任齋宿幕次器皿什物及經過公幹官員轎傘幃襍等銀伍兩

康熙十四
年全裁

預備雜用銀貳百肆拾壹兩壹錢貳分貳厘陸毫

内抵昌平州銀肆兩○推官經費銀壹拾兩○按察司進表水手順治十四年裁銀柒錢伍分歸欵另編外實該銀貳百貳拾陸兩叁錢柒分貳厘陸毫柒分解司叁分存縣聽各院司取給舉人貢生路費卷資○獎勵激賞孝子節婦米布○起送會試酒席○恤刑按臨心紅紙劄油燭柴炭并吏書供給○賀新進士旗匾花紅酒禮○各院觀風○進表水手○脩理院司公舘器皿家伙○祈晴禱雨香燭牲果○脩築塘閘椿木等項其有事出不常數難定計俱于備用欵內動支造冊請銷康熙十四年裁柒分脩所銀壹百伍拾柒兩玖錢叁分伍厘捌毫貳絲充餉叁分脩用銀壹拾貳兩肆錢伍分壹厘壹毫康熙十五年裁銀伍拾伍兩肆錢陸分陸厘

陸毫捌絲二十二年復解司備用銀壹百伍拾捌兩肆錢陸分捌毫貳絲縣備用銀陸拾柒兩玖錢壹分壹厘柒毫捌絲

戰船民六料銀伍拾叁兩伍錢肆分捌厘捌毫解

司

淺船料銀肆百柒兩叁錢捌分叁毫解糧道

孤貧老民貳百陸拾伍名每名年給柴布銀陸錢

共銀壹百伍拾玖兩康熈十五年裁半十六年全裁十九年全復仍給

府縣獄重囚口糧府銀叁拾陸兩縣銀叁拾陸兩

以上祭祀雜支共銀貳千壹百陸兩玖錢伍分

貳厘肆毫內除捌解外實存銀壹千捌百兩拾壹兩玖錢捌分壹厘肆毫

又本色米內復給孤貧口糧米玖百伍拾肆石

每石折銀壹兩該徵銀玖百伍拾肆兩

二年一辦每年帶徵

本縣貢生旗匾花紅酒禮銀叁兩康熙十四年裁半十五年全裁

二十一年全復

歲貢生員赴京路費銀叁拾兩康熙十四年裁半十五年全裁二十一年全復

三年一辦每年帶徵

科舉禮幣進士舉人牌坊銀玖拾壹兩肆錢柒分

肆厘柒毫肆絲叁忽康熙十四年裁半十七年裁拾陸兩叁錢壹分壹厘貳毫陸絲捌忽叁微十八年裁陸兩伍錢陸分柒厘肆毫壹絲柒忽肆微伍塵二十一年全復

迎宴新舉人合用捷報旗匾綵段旗帳酒禮各官酒席○府銀拾貳兩叁錢叁分肆厘解府康熙十四等年奉裁二十一年復留解府

縣銀拾貳兩康熙十四年裁半十五年全裁二十一年復留如無中式及有盈餘解府庫備下科支用

起送會試舉人酒席路費卷資○府銀捌兩叁錢捌分肆厘肆毫康熙十四年裁銀肆拾壹兩玖錢貳分貳厘十五年全裁二十

一年
復給
縣銀貳拾兩康熙十四年裁銀壹拾兩十五年全裁二十一年復留俱徵解府庫照起
送名數中
請動支
會試舉人水手銀壹百壹拾貳兩康熙十四年裁半十五年全裁
二十一年全復
解司庫聽給
賀新進士合用旗匾花紅酒席○府銀叁兩玖錢
捌分叁厘康熙十四年裁銀壹兩玖錢玖分壹厘伍毫十五年全裁二十一年全復
解府
聽給
縣銀陸兩陸錢陸分陸厘陸毫陸絲康熙十四年裁銀叁兩叁

錢叄分叄厘叄毫叄絲十五年全裁二十一
年復留徵解府庫照中式名數申請動支
起送科舉生員酒禮花紅卷資路費各官倍席○
府銀陸兩伍錢康熙十四年裁半十五年全裁二十一年復留解府
縣銀叁拾陸兩柒錢肆分陸厘柒毫康熙十四年裁半十五年全裁二十一年復留本縣徵用照名通融均給
武舉供給等銀陸錢壹分康熙十四年裁半十七年奉裁二十一年復留
貢院僱稅家伙等銀貳兩伍錢康熙十四年裁半十五年全裁二十一年復留解司
二三年一辦共銀叁百肆拾陸兩壹錢玖分玖厘

伍毫叁忽

存留本色米

祭祀米伍石

解運省倉給兵米陸千柒百捌拾壹石伍斗叁合

肆勺

孤貧貳百陸拾伍名每名歲支米叁石陸斗共米

玖百伍拾肆石今每石照徵折銀壹兩該銀玖百伍拾肆兩[illegible]給孤貧

以上共存留米柒千柒百肆拾石伍斗叁合肆

勺

原裁解部

本縣捕盜應捕捌名每名銀柒兩貳錢共銀伍拾柒兩陸錢

上司按臨并府縣朔望行香講書紙劄香燭銀玖兩

外省馬價銀壹千陸百伍拾叁兩叁錢玖分捌厘伍毫柒絲陸忽柒微叁塵柒渺柒漠捌埃貳纖 路費

銀壹拾陸兩伍錢叁分叁厘玖毫捌絲伍忽柒微陸塵柒渺叁漠柒埃柒纖捌沙

本府預備倉經費銀陸拾捌兩肆錢

加坻倉經費銀壹拾捌兩肆錢
本縣預備倉經費銀貳拾貳兩
預備倉本府雜用叁拾柒兩伍錢
預備本縣雜用銀壹百叁兩
各役工食裁剩充餉銀壹兩伍錢壹厘玖毫捌絲
玖忽柒微肆塵貳渺捌漠
收領積餘銀肆拾捌兩捌錢貳分玖厘貳毫捌絲
叁忽陸微肆塵貳渺叁漠肆埃陸纖陸沙
收領積餘米叁拾壹石肆斗肆合陸勺玖抄伍撮

玖圭

以上舊編裁剩解部銀貳千壹拾玖兩陸錢貳分玖厘捌毫伍絲壹微貳塵貳渺玖漠貳埃捌纖陸沙路費銀壹拾陸兩伍錢叁分叁厘玖毫捌絲伍忽柒微陸塵柒渺叁漠柒纖捌沙

米叁拾壹石肆斗肆合陸勺玖抄伍撮玖圭

本縣田地山蕩人丁共額徵銀伍萬壹千陸百肆拾貳兩肆錢肆分捌厘伍毫捌忽伍微捌塵內

起運各部寺銀壹萬貳千捌百貳拾貳兩肆錢玖

分玖厘陸毫壹絲肆忽貳微壹渺伍漠伍埃路費
銀貳百玖兩玖錢肆分玖厘柒毫伍絲壹忽貳微
叁塵貳渺壹漠壹埃捌纖陸沙
隨糧帶徵鹽課漁課銀肆百陸拾肆兩柒錢柒分
叁厘貳毫柒絲陸微貳塵伍渺內不入田畝銀壹
兩肆錢玖分捌厘路費銀壹拾肆兩壹錢伍分貳
厘捌絲叁忽壹微陸渺貳埃伍纖內不入田畝銀
貳分伍厘肆毫陸絲肆忽玖微玖塵肆渺陸漠
漕運貢具月糧等銀伍千壹百捌拾肆兩玖錢伍

分叁厘伍毫肆絲玖忽玖微伍塵肆渺叁漠捌埃
伍纖
留充兵餉銀壹萬玖千柒百玖拾貳兩貳錢叁分
玖厘捌毫陸絲叁忽玖微貳塵伍渺
存留銀捌千伍百伍拾捌兩壹錢柒分柒厘叁毫
貳絲玖忽又外賦油榨窰冶茶株船戶鳥戶課鈔
抵經費銀捌兩肆錢壹分伍厘貳毫
舊編裁剩解部銀貳千壹拾玖兩陸錢貳分玖厘
捌毫伍絲壹微貳塵貳渺玖漠貳埃捌纖陸沙路

費銀壹拾陸兩伍錢叁分叁厘玖毫捌絲伍忽柒
微陸塵柒渺叁漠柒埃柒纖捌沙
順治九年四月會議裁扣銀叁百叁拾貳兩
順治十二年會議裁扣銀貳拾伍兩
膳夫銀肆拾兩新裁
運丁月糧叁分撥還軍儲充餉銀貳千壹百陸拾
肆兩陸分貳厘陸毫柒絲伍忽陸微肆塵伍渺陸
漠壹埃伍纖
本縣田地山蕩人丁共額徵米壹萬壹千叁百伍

拾捌石捌斗陸升捌合伍勺玖抄伍撮玖圭內運

丁月糧米叁千伍百捌拾陸石玖斗陸升伍勺

存留米柒千柒百肆拾石伍斗叁合肆勺

裁剩解部積餘米叁拾壹石肆斗肆合陸勺玖抄

伍撮玖圭每石改徵銀壹兩解司

遇閏加銀柒百玖拾陸兩伍錢柒分陸厘貳毫玖

絲陸忽貳微柒塵叁渺捌漠貳埃玖纖陸沙每正銀壹兩加銀壹分伍厘肆毫貳絲肆忽捌微叁塵陸渺肆漠

遇閏加米貳百柒拾玖石伍斗捌升肆合每正米壹石加

叄貳升肆合壹勺貳抄

隨糧帶徵

鹽課

水鄉蕩價銀叄百捌拾柒兩玖錢陸分貳厘柒毫柒絲陸微貳塵伍渺

曹娥場小金園稅銀壹兩肆錢玖分捌厘

二項每兩滴珠路費壹分柒厘該銀陸兩陸錢貳分捌毫叄絲叄忽壹微陸漠貳埃伍纖內所有水鄉蕩價隨糧帶徵小金園稅不入田科俱徵解運

司轉解

以上戸部項下鹽課銀叁百捌拾玖兩肆錢陸分柒毫柒絲陸微貳塵伍渺路費銀陸兩陸錢貳分捌毫叁絲叁忽壹微陸漠貳埃伍纖

額外歲徵

漁課

黄麻壹千捌百捌拾貳觔壹拾叁兩奉文全折該銀肆拾壹兩肆錢貳分壹釐捌毫柒絲伍忽每兩路費壹錢該銀肆兩壹錢肆分貳釐壹毫捌絲柒忽伍微遇閏加黄麻壹百伍拾陸觔拾伍兩該銀叁兩肆錢伍分貳釐陸毫貳絲伍忽加路費銀叁錢肆分伍釐

貳毫陸絲
貳忽伍微
絡蔴壹千捌百捌拾貳觔壹拾叁兩奉文全折該銀叁拾叁兩捌錢玖分陸毫貳絲伍忽每兩路費壹錢該銀叁兩叁錢捌分玖厘陸絲貳忽伍微遇閏加絡蔴壹百伍拾陸觔壹拾伍兩該銀貳兩捌錢貳分肆厘捌毫柒絲伍忽加路費銀貳錢捌分貳厘肆毫捌絲柒忽伍微二項俱隨糧帶徵解交工部

以上工部項下漁課銀柒拾伍兩叁錢壹分貳厘伍毫路費銀柒兩伍錢叁分壹厘貳毫伍絲

課程

本縣額徵課鈔壹百陸拾陸錠貳貫陸百文折銀

壹兩陸錢陸分伍厘貳毫有閏加鈔肆拾柒錠叁貫叁百壹拾玖文折銀肆錢柒分陸厘陸毫叁絲捌忽俱油榨窯冶茶株等戶辦納歸經費欵支銷

三界稅課局額徵課鈔肆千貳百伍錠壹貫貳百伍拾貳文折銀肆拾貳兩伍分貳厘伍毫肆忽有閏加鈔壹百捌拾壹錠叁貫陸百肆拾捌文折銀壹兩捌錢壹分柒厘貳毫玖絲陸忽

僉塘稅課局額徵課鈔柒千貳百捌錠肆貫肆百伍拾文折銀柒拾貳兩捌分捌厘玖毫有閏加鈔

貳百壹拾伍錠叁貫柒百伍拾文折銀貳兩壹錢
伍分柒厘伍毫
蒿陡稅課局額徵課鈔壹千壹百陸錠貳貫壹百
壹拾柒文折銀壹拾壹兩陸分肆厘貳毫叁絲肆
忽有閏加鈔陸錠壹百壹拾文折銀陸錢貳厘貳
毫
桑盆稅課局額徵課鈔叁千壹百叁拾貳錠貳貫
肆拾文折銀叁拾壹兩叁錢貳分肆厘捌絲有閏
加鈔壹百貳拾錠柒百壹文折銀壹兩貳錢壹厘

肆毫貳忽以上四稅課局銀俱均係內辦撥充兵餉

本縣河泊所額徵課鈔壹千叁百叁拾伍錠壹貫伍百伍拾文折銀壹拾叁兩叁錢伍分叁厘壹毫有閏加鈔捌拾捌錠叁貫伍百玖拾文折銀捌錢捌分柒厘壹毫捌絲內隨糧帶徵無閏漁蕩銀陸兩陸錢叁厘壹毫餘銀陸兩柒錢伍分船戶鳥戶出辦閏銀船戶出辦俱歸經費欵支銷

桑盆河泊所額徵課鈔壹千壹百玖拾陸錠貳貫捌百伍拾柒文折銀壹拾壹兩玖錢陸分伍厘柒毫壹絲肆忽有閏加鈔叁百叁錠叁百肆拾叁文

折銀叁兩叁分陸毫捌絲陸忽均徭內編撥充兵餉

條禁

布政司

嚴革廳兒爲遵

旨泣陳坊役奇苦懇天嚴革濫役永禁橫派以甦民困事據士民張七發等連名呈控山會兩縣設有廳夫一項爲數多寡不同甚至一衙門有數拾名者共計貳百肆拾名每名派工食銀叁兩陸錢加閏壹年總計銀玖百叁拾餘兩官府封印之後衙蠹光棍百十成羣白晝則擒人鎖繫黑夜則破戸打索頃刻之間每坊索銀貳拾餘兩必得借貸典質以應典質不及直借營債以應彼無事之閒夫預支來歲之工食困苦之坊役便起十年之利息更可奇者山會二縣驛站自順治十五年間竟派坊里承應始不過誘貼費及至年增一年兵房惡蠹串通各營飛票如雨勒令折乾每坊折銀叁肆

拾兩一年通計壹千貳百餘兩驛站大事竟令坊
長承值哀籲　憲天批勅　廉藩通行兩縣革除
等情奉　總督趙批紹興一江之隔山會兩縣
有此驛夫驛站派累坊長之苦從未見該管道府
縣申聞一字今一縣如此縣縣皆然仰布政司查
究報奉此遵行紹興府提解去後據紹興府申稱
據山會兩縣覆稱會看得驛夫一項爲庫藏監倉
重地併各憲衙門守宿廵更而設肇自明世嘉靖
年間每歲終坊長自行給發非近時創立也查驛
站全書內各有馬二十二匹明季左馬倡亂坊馬
盡皆搶失遂照里出夫坊出馬之制支領額設馬
料銀兩以竹兜代之今公請紳衿傳集坊長夫役
公共確議咸稱驛夫在府縣原有庫藏監倉之重
寄亦有可裁可汰者酌定去留省事省累至于竹
兜代馬既有額設銀兩可以動支又有憲須循環
可以稽察但差遣難計錢糧有限從再從長計議
務使公私兩利等因到府據此本府知府夏霖看
得驛夫即更夫也起自明嘉靖年間我

清定鼎以來相沿無改今山會兩縣坊民張七發等
一控　憲臺蒙批本府一控　督憲批發藩司行
府轉發山會兩縣查議去後據縣詳稱將更夫酌
量裁減前來本府會同酌議除察院司并提督衙
門更夫照舊存留外今將道府廳更夫酌量裁減
量留數名看守衙宇庫藏造册現在伏候裁奪其
驛站一項動支額銀荅應似與坊長無涉無容查
議等因奉　撫院蔣　批布政司覆查議報册并
發奉此該本司看得紹興廳夫一案據士民張七
發等呈稱紹興府山會兩縣設有廳夫係在經制
之外計二百四十名每名派工食叁兩陸錢且有
加閏每坊索銀二十餘兩一年通計銀玖百叁拾
餘兩又山會二縣驛站自順治十五年間索取坊
長貼費年增一年每坊出銀叁肆拾兩一年通計
壹千貳百餘兩驛站大事竟令坊長承值等情奉
憲批司查究遵即轉行紹興府提解去後催據紹
興府申稱廳夫一項爲庫藏監倉并各衙門守宿
巡更而設肇自嘉靖年間其驛站事務有額設可

以動支循環可以稽察其廳夫原派二百二十五
名今裁去一百二十九名仍存九十六名造冊申
覆前來本司查閱該府詳冊蓋不禁惘心駭目而
驚嘆不已也自順治四年奉有
欽頒經費錄順治十四年奉有
欽定賦役全書凡徵一文役一人悉在賦役全書之
內蓋自古帝王取民有制有地則有賦有丁則有
役如漕白二糧金花正賦顏料蠟茶絲綿京絹油
鐵之類皆賦也如書門皂快驛站夫馬之類皆役
也自地丁賦役統爲一條鞭徵收舉凡徵民之財
用民之力彙入全書科入由單在全書由單之內
者則爲經制在全書由單之外者即是贓私直省
官民莫敢或違也恭繹　部文內開經費既定官
府無捉襟露肘之虞衙役　有代耕餬口之資小民
免濫徵橫歛之苦此外毫有私增即計贓論罪
功令煌煌炳如日星豈紹郡守令獨不聞焉敢將驛
站廳夫名色每年私派至貳千壹百叁拾餘兩此
大可異也據府詳稱爲庫藏監禽各衙門守宿巡

吏而設但本司恭繹經費錄與賦役全書内開府有庫書壹名倉書壹名庫子肆名斗級陸名禁卒壹拾貳名縣有庫書壹名倉書壹名庫子肆名斗給肆名禁卒捌名則是庫藏監倉未嘗乏人何得另派民夫也其各衙門守宿巡更查府有馬快拾名步快拾陸名皂隸拾陸名縣有馬快捌名皂隸拾陸名民壯伍拾名凡馬快步快民壯並專勾攝人犯皂隸並專喝道刑人凡衙門公務奔走服役自應在官人役爲之而守宿巡更其首務也何得另派民夫也再查該府冊開廳夫裁留數目除提督府吏夫拾名茶夫貳名打掃壹名并給協吏夫貳名今文武分途本司不議外據府冊開察院司吏夫伍名茶夫貳名愍孝祠夫壹名查賦役全書給與額編看守察院公署布按貳司府館門子貳拾叁名役銀柒拾柒兩陸錢又看守祠廟亭館門子伍名役銀壹拾柒兩壹錢則是看守衙署祠廟未嘗乏人何得另派民夫也又據府冊開鋪夫陸名總鋪夫伍名縣鋪夫伍名查全書額編給與

衙僻共玖拾貳鋪共司兵叁百陸拾名役銀貳千柒百玖拾柒兩捌錢則是鋪遞公文未嘗乏人何得另派民夫也以上俱有經制人役額編工食不當另派坊里再據府册開守道司吏夫肆拾貳名茶夫貳名打掃夫貳名紹興大觀堂夫伍名鎮越堂夫伍名堂上夫伍名儀門夫伍名頭門夫貳名西墻夫伍名東墻夫伍名山會二縣頭門堂上衙後光化亭共夫叁拾伍名同知通判推官各堂上役後東園中園西園名色莫不派夫叁伍名并府首領縣佐貳儒學莫不私役民夫此皆私派厲民不法已甚合照因公科斂捌拾以上應得眞絞至于驛遞錢糧查山陰縣額編貳千貳百肆拾兩玖錢玖分貳釐會　縣額編叁千肆百陸兩玖錢肆分陸釐以上答應勘合火牌并憲牌充然有餘如有橫索夫馬者自有　憲須循環號簿可以稽核不知該府縣將驛站錢糧作何支銷而派坊里貼費且累坊里承值此大不可解也更可異者奉憲嚴批駁查之後該府縣倘議留用夫玖拾陸名

當此
聖主當陽百度維新之日申飭私派不啻甫嚴該府
縣非但不知
朝廷之功令爲何事并不知己之頭顱爲何物矣且
將
欽頒之經費錄
欽定之賦役全書該府縣抗不遵守而反遵明季私
貼之例此豈爲臣子者之所敢言也此案合行揭
參但在康熙六年七月初七日
恩赦以前伏祈　憲臺嚴加批勅嗣後如有私派坊
里一夫者里民告發卽以私派從重
題參聽候　部議可也再查此案該府申詳業已承
認其張七發等所呈是實不必再審伏候　憲臺
批示卽候　憲臺給發告示令該府縣刊刻木榜
豎立通衢永爲遵守至于　憲批一縣如此縣縣
皆然但未據有告發難以懸擬伏祈　憲臺批示
通行嚴飭取通省各府縣有無私派結狀呈送查
考可也等因于康熙六年十月十六日呈詳奉

總督趙批凡經制之外多設一人則爲白役賦役之外多徵一分則爲私派據詳山會兩縣因循錮弊設廳夫則加派工食冐驛站而擾累坊夫大干
功令雖事在
赦前法應
題參但歷年廳夫額設各役工食與驛站錢糧是何官役侵欺仰司再一嚴審另詳揭報以憑
題參繳奉此又奉　撫院蔣批驛站夫馬是有額編欵項俱皆官僱官養承應差使各衙門人役俱照
欽頒經費錄留用乃山會二縣于驛遞則派坊長貼費承值于各衙門守宿巡更夫役則派工食至貳千餘兩殊干
功令念在
赦前姑免
題參追究如詳給發告示永行禁革并承值　提協衙門夫役一併革去仍令刊刻木榜豎立通衢如再有前弊即以私派揭報
題參并通飭各府縣有無此等私派取結呈送查考

仍候　部院批示行繳奉此除嚴行紹興府查明官役侵欺另詳外合行嚴禁爲此示仰官吏士民人等查照本司詳奉　憲批事理嗣後凡衙門人役自有

欽定賦役全書刊載經制不得于全書由單之外多徵一文多役一人經臨過往自有驛站錢糧動支答應不得另派民夫承值如有府縣官吏故違

功令私派坊里情弊該坊里即據實控告　督　撫

部院衙門以憑從重

題參須至示者

申嚴包役

巡撫都察院范　爲申嚴落甲自運銀米以杜包歇侵那以除里遞賠累事照得額賦派徵田地絲毫均係錢糧凡有田產人戶名下條銀糧米完之于官者自當依期完納輸之里遞者亦宜及時輸將廒在已無催科之擾于人鮮候比之累乃聞浙省杭嘉等府條銀糧米設有見年糧長名色催納

銀米赴縣比較有等奸豪里遞以見年糧長比較完欠與巳痛癢無關有暮四朝三經年不納者有邑銀小戥準斛糊穀硬勒收納者有數年錢糧延挨拖欠竟不完納者有串通蠹歇或捏賠虧或稱故絕縱令代賠者以致守分良民棄田賣屋鬻子售妻飲泣吞聲不敢告訐今屆值大造之期正里役新編之際務袪積弊以奠民生姑赦舊欠一數新令槩將見年糧長名色盡行勒除其各甲田地人戶悉照自巳名下應徵銀米依限完納縣官催徵銀米俱照赤曆人戶田糧刊給易知長单每遇開徵伊始郎發一单與各里戶照限自賫赴比如有預期完櫃上倉者郎于簿上註明給票歸農不得重勒比較倘奸頑人戶抗不完納郎用飛单摘追着令甲總及下名毎年照分挨次輪傳欠戶照欠完納槩禁差人滋擾如係一人十分郎自催自完不必更催他甲甚爲小民簡便但恐奸頑里戶蠹惡歇家仍與往年拖欠代賠故轍合行給示通飭曉諭爲此示仰該縣官吏糧里士民人等知悉

歸後凡有各甲人戶田地應徵銀米各照赤曆簿刊給簡明長单各戶着令依限完納赴比如有奸頑里戶及鄉紳劣衿仍然抗違不行遵法完納希冀復累他人者該縣官即行飛章摘追倘再頑視抗延一面嚴提究比一面具文申報以憑照抗糧例從重究處如長单內有多開升合厘毫者里戶即賫单赴告官役立刻叅拿均不姑貸各宜愼之毋自貽戚特示

康熙拾年玖月　日給

少京兆尹姜希轍書禁革私派詳議後曰昔曹叅代蕭何為漢相國舉事無所變更一遵蕭何約束而百姓歌之曰蕭何為法顜若畫一曹叅代之守而勿失蓋從來作法之人非得後之人守而勿失則其法且不行即行之亦不可久明天順間朱御史所行兩役法未嘗不欲便民也而法久蠹生其為害也不可底止蓋非法之不善由奉行者之不得其人也龎御史救民水火剏立為一條鞭眞萬

世之良法也當奉行之始吏有所不得逞乃譁言
不便非議文恭移書當道陳利害甚悉法幾中變
矣子庭衆母受謗與人雖百龐公亦奚益哉迨至
明季舊制漸湮如驛夫驛站較前之額辦坐辦更
加百倍如值月之幕次竹兜豬羊酒麪滿饌募夫
較前之雜辦撮辦更苦薦分一當值月緩則籤票
追呼急則鎖吊偏勒康熙六年貢生張翼辰身受
荼毒乃以坊役奇苦呈鳴督撫兩院蒙　趙督臺
蔣部院　袁方伯軫念民瘼釐剔奸做細查
欽頒經費錄與賦役全書自官府隸役以至驛站鋪
夫俸薪工食燭炭紙張無不有額定經制兩院藩
司盧公核算嚴批立石凡經制之外多設一人即
爲白役賦役之外多徵一分即爲私派申飭通省
仍照龐公舊例一應丁土錢糧編入條鞭之內者
坊里已有額設如有橫征苛斂溢出條鞭之外者
官吏犯此即是贓私
功令煌煌炳如星日柰天不憖遺一老　趙督臺羅
池廟祀已爲全浙福神　蔣部院竹馬兒童不得

并州再任良法美意又將視若弁髦矣萬民有幸
恭逢　袁方伯刻入浙藩詳議持之愈堅　蒞撫
院洞晰里遞凋殘禁之愈厲　張明府仰承　皇
德意奉之愈謹庶幾入邑窮黎尚可存活故益信
蕭鄭侯畫一之法必得居心清平如曹相國者方
能守而勿失也况翼辰為張文恭諸孫克纘先烈
矢志澄清使通郡之人知一條鞭之初行而不至
於鑿枘與一條鞭之中廢而不至於淩夷皆張氏
之力也且翼辰家近麗鄉史祠少常讀書其中盻
蠁不遠其為御史之所式憑乎不然何其侃侃以
復條鞭為一人任也

會稽縣志　卷十一　田賦志一　三十

會稽縣志卷第十二

水利志

塘　堰　橋　門　壩　閘　湖　碑　池

夫會稽上承諸流而下迫海其賦入之多寡恒覻諸蓄泄之時否故畝者胃也上流者咽喉也海者尾閭也咽喉治尾閭節則胃和而精布否則否夫咽喉尾閭胃之所由以養者也余故志水利于徭賦之後俾司牧者知所重焉　徐渭

塘

官塘自五雲門外東至曹娥延亘九十二里卽故鏡湖塘也東漢永和五年太守馬臻所築以蓄水水高于田田高于海各丈餘旱則泄湖之水以溉田潦則泄田之水以入海沿塘置斗門堰閘以時啓閉

海塘在縣東北四十里隨海塘也東自曹娥上虞界西抵宋家漊山陰界延亘百餘里以蓄水溉田隆興中給事中吳芾重加浚疊（李益謙譔記云）府城北水行四十里有塘曰防海塘自李浚之皇甫政李左次躬修之莫原所始至今有塘如故明弘治間易以石費鉅萬正德七年七月風潮壞之復易以土嘉靖十二年居民復有以石請者知縣王教議曰塘臨大海下皆浮沙每遇風潮水齧沙沙崩石豈能自住每一修築則石費每倍于土困詘不支爲今之計莫如計算丁田仍築土塘但令高

濶堅緻遍植榆柳茭蘆以護之專設圩長看守督令水利官時往省視即有坍潰隨缺隨補如此則財無妄費而事可以永遵矣

王化塘　蘇家塘　慈家塘　山塘　鄭家塘

廟基塘　長塘　紡車塘　毛家塘　嚴家塘

阮家塘　下菴塘　莫家塘　後陳塘　裏塘

漩塘　淸水塘　大墓塘　韓家塘　坳嶺塘

吳家塘　管家塘　刺菱塘　西墺塘　曲尺塘

大貧塘　新塘　廟下裏塘　蘇家塢塘　獅

山塘　廟下大塘小塘　汪家塘　演塘　山塘

旱塘　大塘　牛石塘　茅塘　東屋塘　秀

才灣口塘　高桃山頭塘　廟下塘　門口塘

太平溝澑以上俱在二十一都源出日鑄諸山流爲大舜溪出華家渡注于小舜江

婁墺塘　達郭塘俱在二十二都源出靜林諸山流爲達郭溪橫溪白木溪出湯浦會廣陵溪斤竹澗注于小舜江

韓家塘　李家塘　許家塘　神道路塘俱在三十都源出秦望陶宴諸山流爲若耶溪

後海塘去縣東北八十里周延德鄉纂風鎮凡三千七百一十一丈用以捍禦風濤一鄉之田廬藉此得免于漂溺緣舊時發概縣丨夫修築近年以來止令本鄉居民照丁

泒修以抵一應差徭

堰

東郭堰在縣東南三里東門內

都泗堰在縣東二里都泗門內龍華寺側遺址尚存二堰舊在城外元至正十二年增築坊郭一鄉入城內亦水道所經姑存舊志

梅龍堰在鴐橋東一里許因禹廟梅梁故名南自刻石諸山透迤東北出入千巖萬壑中而流者曰平水溪北會西湖孔湖鑄浦寒溪上竈溪諸水經若耶溪樵風涇而分爲雙溪西會禹池通鴨塞港抵城隍而入于官河遂由梅龍堰而北注

石堰在縣東三里少微山東舊有閘今廢自雙溪東會浪港經大湖頭

刬船港而入官河遂由此堰而北注

董家堰在石堰東四里

皐部堰在董家堰東六里自源出寶山曰御河北流會鰻池西折過洞浦入于官河爲獨樹洋遂由董家皐部二堰而北注

樊江堰在皐部堰東六里

政平堰在樊江堰東三里

茅洋堰在政平堰東五里

陶家西堰在茅洋東六里

瓜山堰在陶家堰東五里舊有閘今廢自源出諸葛山田清塘等溪西入

盧家蕩南接富盛溪北流入官河爲茅洋爲白塔洋遂由樊江政平茅洋陶家東西瓜山六堰而北注

夏家堰在瓜山堰東五里

黄家堰在夏家堰東五里

彭家堰在黄家堰東二里自源出鳳凰諸山曰倫塘溪會謝甜康家泉湖西澍等湖出涇口入于河遂由夏家黄家彭家三堰而北注

白米堰東去彭家堰一十三里

新埭堰在縣東七十里

杜浦堰在縣東北五十五里

苦里堰在縣東北五十里

嚴浦堰在縣東北三十一里

蠷浦堰在縣東北三十里以上五堰皆水道所趨以入海故築塘以壅之堰者壅之者也

橋

弔橋在縣東三里五雲門外

閘橋凡四門在三十二都會千巖萬壑之水以注鏡湖共趨下之勢奔騰澌湃而橋無傾圮

門

蒿口斗門南出白米堰五里舊自官河東流經白米堰南折注蒿瀝口

入于江今斗門廢而爲堰水遂却行北流入官河

玉山斗門在府城北三十里唐浙東觀察使皇甫政鑿曾南豐所謂朱儲斗門是也門凡八其三門隷會稽（明王守仁詩胼胝深感昔人勞百尺洪梁壓巨鰲潮應三江天塹逼山分兩岸海門高濺空飛雪和天白激石衝雷動地號聖代不憂陵谷變坤維千古護江皐

壩

曹娥壩東去白米堰七里即曹娥江舊有閘又有斗門宋曾公亮宰邑時所置曾南豐鑑湖序云湖有斗門六曹娥其一也舊時本縣之水東流入江今斗門廢而爲壩水遂却行入官河同諸堰北注之水達諸鄉滙玉山放應宿閘而朝宗于海

閘

三江應宿閘在府城北三十八里三江所城西門外　嘉靖十六年知府湯紹恩建凡二十八洞築堤百餘丈（陶諧記）紹興屬邑八惟山陰會稽蕭山土田最下苦于潦守此者嘗設玉山匾拖兩閘以泄之潦甚則暫決海塘以疏之然兩閘口狹甚水至此則却行汎浸數百里決海塘則激湍猛悍並大爲田患嘉靖丙申西蜀湯公紹恩來守郡憫之求所以制水者乃走海口曰三江者相度之得海口山首尾相延數十丈間有石横亘如甬公乃馳歸謀于僚屬郎白于御史周公汝員既得可乃擇幹民百餘人以長之役丁夫數千人輦巨石與山甬石相牝牡以檻錮以秫粥灰土縱横梁駕之中槽以複板爲洞二十有八其長望首尾之山石刻水則以準其北接以土堤數十丈始苦潮莫測先以鐵繼用箘簵發北山石殺之左右亦用石其長四百丈廣四十丈有奇閘始于丙申七月六易朔而成其費銀凡六千兩有奇賦于三邑之畝丁夫

科于編派率更番以役塘始于丁酉三月五易朔
而成其費銀數視閘役丁亦然又以其羨置小閘
於其要處者五于是水不復却行塘亦不復再決
且築若向者諸患而潮汐爲閘與土塘所遏不得
上漸得田萬餘畝堤之外有山翼之淤爲壤亦漸
可得田數百頃其沮洳可蒲可葦其瀉鹵可鹽其
澤可漁其疆可桑其途可通商旅是舉也既有塘
以爲之蓄而又有閘以爲之泄則澇不慮乎溢而
旱不慮乎涸矣故今之議者曰前乎漢而無海塘
則鏡湖不可不築後乎宋而有海塘則鏡湖可以
不復也若夫縣之東南田附山麓地勢高峻然各
有泉可給是以或引之而爲瀆或障之而爲磯或
浸之而爲湖或瀦之而爲塘因其勢以利導之而
已○崇禎間塘將壞太史余煌請諸當道各官捐
俸士民助資修補塘復完民至今賴之余煌記自
湯公篤齋建三江閘而山會蕭三邑無水旱憂殆
百年矣然以一重門限外禦連山噴海之潮內瀉
砯崖轉石之水其砥不能無齧而址不能無圮勢

也戊辰海溢漂沒田廬而塘適當厥衝尾閭洩之歲每苦旱田穀不登利之源反爲害之藪矣會嵯使留礪張公按越問疾苦而守道林公首陳閘弊宜增修張公乃親詣三江感嘆湯功灑涕祠下悉索羨贏風諭捐助議遂定先是按院寧齋蕭公鋭意斯舉聞定議亦悉索羨贏檄下郡邑下是山會蕭之邑侯俱以俸入先之冬孟中旬始用祭告有事于三江庀材鳩工先築巨堰以障洪流繼築小堤以決瀦水唯尾箕逶迤而西諸洞最深旋洄旋瀦僉欲苟且報完林公戴星駕湖舫犒勸役夫晝夜併作又濬泥沙丈餘直窮根底錮以灰鐵閘下檻上梁犬牙相錯環互鈎連歲久漂流十存其一茲則更其朽泐補其殘闕前人未及修者倍加固焉至于塘閘交會所尤要害昔壘石已魚爛乃悉撤之甃以巨石使水不得內攻而塘尤閘之鎖鑰舊制廣四十丈有奇樹桑楊使根株盤結以禦水衝豪右侵漁者稍恢復令相依爲固如是而塘工庶乎全紀其時纔兩易朔役初興潮甚壯人頗危

濯則更禱丁游若及湯公潮稍稍落久不雨輿如春益悅以勸自興工迄竣事無怨咨者予觀陶莊敏之記湯公曰排衆論而身任之張文恭之記蕭公曰時有以不急議公者然則當時民情之難調如此豈昔之民皆怨讟今之民皆忠愛哉誠以近事徵之昨壬申夏不雨井枯河槁涓滴餘流直走巨壑士人具畚鍤悉力塞之而石罅泄射勢若攢矛朝堙而夕潰矣水源寖竭田獲漸微然猶可諉者曰旱今癸酉水潦時降占宜得豐而潰決莫支枯槔滋困農家皇皇于水利甚矣然則今日之舉功驗較著昔爲修秃治瘍而今爲解懸拯溺有傾無怨固其所巳夫任天下之德者恒不避怨况乎其無怨也雖然余少時同諸大夫謀舉是役暹之十年者何㰅長吏不欲受勞民傷財名且潮汐渰溢懼中廢爲人口實是用袖手旁觀其勢不至大決裂不止也今斷而行之一勞永利則諸大夫軫切民瘼之力豈其微哉其經營供億詳載別簡以詒來者

皇清康熙二十一年福建總督姚啟聖重脩姜希轍記吾郡三江應宿閘旱有蓄潦有洩啟閉有則山會蕭之田去汚萊而成膏壤者富順湯公賜也水嚙石罅久之罅漸踈水益駛以次剝蝕有岌岌就圮之勢越五十年而宛陵蕭公爲之沃錫以塞其內甃石以蔽其外視昔稱壯觀矣再五十年守道林公以鹺使張公命親董斯役倍加過焉大率五十年則堅者必隤而脩築之功不能已降莊敏張文恭余學士記之詳矣嗚呼是皆守土者之責而鄉士大夫之所憂也比年水旱洊至復患漏卮旱則易涸潦則潰決諸父老咨嗟告語蓄以時考之亦及期矣辛酉壬戌閘西江塘決三邑田禾再歲不登民力告病當事者議興工役踟躕未決大司馬憂庵姚公時方總督閩越一聞輿論慨然爲已任而并有事於西江塘書於予謂水得順從閘出不得橫從塘入以爲我父母之邦憂即惟力是視竊所願也公賦性嚴毅力經場爲

聖天子東南倚重之臣日討軍實而問罪於波濤乃

源出駐驆大茳蒲菿嶺諸山流爲汪家巖溪注于小舜江　白馬湖　車家湖

姚家湖　范洋湖　杜家湖　離家湖　沈家湖俱在二十四都源出龍塘諸山流于范洋浦出蔣家山會于剡江

橋亭湖在三十都源出秦望隃宴諸山流爲若耶溪

西寶買家湖在三十一都源出天柱赤堇諸山流爲細橋河孫塢溪會鑄浦入若耶溪

砩

樹潭砩　保砩俱在二十一都源出月鑄諸山流爲大舜溪出華家渡注于小舜江

烏口砩　長砩　黃檀砩　范家砩　大砩俱在二十七都源出王顧諸山經南灣口會大丘頭而注于小舜江

上馮磜 花巖磜 袁村磜 官佩磜 黄鶯磜

王昂磜 青衣潭磜 源出分水嶺南諸水經饅頭石至南嶨口會大丘頭而注于小舜江 楊村磜 安家嶺磜 葉村磜 花檀磜

清水磜 俱在二十八都源出分水嶺北諸山流爲杳郭溪出石牌頭會于若耶溪

遂安磜 清水磜 石磋磜 俱在二十九都源出石刻上眉中眉下眉諸山流爲洪溪達洪曹衙諸溪出鹿里會于若耶溪

葉家磾磜 仙公石磜 長潭磜 若耶溪磜

木橋磜 泉井潭磜 長灘磜 俱在三十都源出秦望陶宴諸山流爲若耶溪

池

蔣家池在三十都源出秦望陶宴諸山流爲若耶溪

昌園白鶴池源出宛委諸山注于若耶溪自縣五雲鄉二十五里北入鏡湖

司前坂池　橫河坂池　二保坂池　園前坂池

塔下坂池　水倉坂池　官庄坂池　祠堂坂池　南官庄池　張家埠池　西河坂池俱在三十三都

之地在上虞縣夏蓋湖之下流勢頗高阜不能承湖流之灌惟取給于各坂之池

水利考

馬堯相所述云會稽水源自西南而流入東北在昔與海潮相通湃瀉不節民受其病自漢馬臻築鏡湖以受諸山之水沿隄置斗門堰閘以時啓閉水少則洩湖之水以灌田水多則

閉湖洩田之水以入于海九萬膏腴咸沐其利厥後增築海塘開玉山陡門而湖之隄漸廢宋時雖有復湖之議而今則有不必然者矣何則會稽支分泒別之水其源數十其横而受水者則曰運河焉自鵝鼻山透迤東北出入于巖萬壑中而流者曰平水北會西湖謝湖周湖孔湖鑄浦上竈諸水經若耶樵風涇而分爲雙溪西會禹池通鴨塞港抵城隍而入于官河遂由弔橋梅龍堰而東會滾港經大湖頭划船港而入于官河遂由石堰而下〔前梅龍堰下註本此〕又源出寶山者曰御河北流會鰻池西折通洞浦入官河而爲獨樹洋遂由董家臯部二堰而下〔前臯部堰下註本此〕又源出諸葛山曰青塘等溪西入盧家蕩南接宮盛溪北流入官河爲茅洋爲白塔洋遂由樊江茅洋政平陶家瓜山五堰而下〔前瓜山堰下註本此〕又源出白木崗曰傖塘溪會謝憩康家泉湖西澍等湖出于涇入于河遂由夏家黄家彭家三堰而下〔前彭家堰下註本此〕再東爲東關河由白米堰東流爲曹

娥南析爲蒿壢（前曹娥壩下註本此）俱舊有陡
遺址倘存也凡諸河道縱横一皆鏡湖遺跡而
堰下注玉山斗門以入于海用是觀之田之沿山
者受浸于泉源而其濱海者取給于支流既獲其
租又免其患兩利而兼收者實賴後海塘以爲之
蓄洩也是以前乎漢而無海塘則鏡湖不可不築
後乎宋而無鏡湖則海塘不可不修然又有可慮
者蓋浦陽暨陽諸湖之水俱入暨陽江西北折而
入浙江其勢回環不能直鋭遂踰漁浦流注錢清
江北出白馬等閘以入于海迄今閘久淤塞水道
不通一有泛溢則不東注而以會稽爲壑雖有玉
山斗門不足以洩横流之勢每于蒿口曹娥賀盤
黄艸瀝直落施等處開掘塘缺雖得少舒一時之
急而卽欲修補以備瀦蓄則又難爲工矣是以恒
有旱乾之虞爲今之計莫若浚諸河渠而使之深
則可儲蓄而不患于旱近守南大吉之法可遵也
又增修堰閘而使之多則可散洩水勢而不患于
潦舊令曾公亮之迹可復也又修築海塘而使之

完且高則可捍禦風潮而不患于泛溢近歲知縣王教土塘檢栫之議不可易也三事既舉黎民尚亦有利哉若夫縣之東北有湖曰賀家周圍數鄉雖曰魚鱉菱蘆其利頗博但地勢最下非若昔之鏡湖水高于田則今固不能使此湖之水倒行而逆流也又有縣之東南沿舜溪兩岸而田雖地勢高峻然各有泉可蓄若曰珠曰捨曰湯曰長曰嬉曰石浦曰舒屈曰招福曰丁家曰鵓鴿曰瀝上曰瀝下曰白蕩曰洗馬等湖惟各因其勢而利導之則其田皆可穫矣此皆在所必講者也〇金階所述云按諸鄉之田一都至二十都三十一都三十二都凡二十二都其地卑其土泥淖其水鍾聚不患其不蓄而患其所以洩之者有弗時也山鄉之田二十一都至三十都凡八都其地高其土砂礫其水涌不患其不泄而患其所以蓄之者有弗豫也山鄉東南又有范洋之湖二十四都爲泉山之壑霪雨浹旬洪水泛溢所謂內漲也內漲不洩遂成積患故漲于內者求所以泄之而已諸鄉東北

又有纂風之鎮三十三都爲大海之濱颶風時作巨濤齧汰所謂外漲也外漲不防遂成坍江故漲于外者求所以防之而已一縣之水其利害大畧如此今之志水利者不究其源而徒泥其迹於利害所在漫不加省抑惑矣矧河道縱横錯雜其名瑣屑又不能具載今姑求其源遡其流以志其水道所經俾牧茲土者得考其利害而爲之興革也云爾

會稽鑑湖圖序

鑑湖一曰南湖南並山北屬州城漕渠東西江漢順帝永和五年會稽太守馬臻之所爲也至今九百七十有五年矣其周三百五十有八里凡水之出于東南者皆委之州之東自城至于東江其北隄石楗二陰溝十有九通民田田之南屬漕渠北東西屬江者皆溉之州之東六十里自東城至于東江其南隄陰溝十有四通民田田之北抵漕渠南並山西並隄東屬江者皆溉之州之西三十里曰柯山斗門通民田田之東並城南並隄北濱漕渠西屬江者皆溉

之總之溉山陰會稽兩縣十四鄉之田九千頃非湖能溉田九千頃而已蓋田之至江者盡于九千頃也其東曰曹娥斗門曰蒿口斗門水之循南隄而東者由之以入于東江其西曰廣陵斗門曰新逕斗門水之循北隄而西者由之以入于西江其北曰朱儲斗門去湖最遠蓋因三江之上兩山之間疏爲二門而以時視田中之水小溢則縱其一大溢則盡縱之使入于三江之口所謂湖高于田丈餘田又高海丈餘水少則泄湖溉田水多則泄田中水入海無荒廢之田水旱之歲者此也漢以來幾千載其利未嘗廢也宋興民始有盜湖爲田者祥符之間七戶慶曆之間二戶爲田四頃當是時三司轉運司猶下書切責州縣使復田爲湖然自此益慢法而奸民浸起至于治平之間盜湖爲田者凡八千餘戶爲田七百餘頃而湖廢幾盡矣其僅存者東爲漕渠自州至于東城六十里南通若耶溪自樵風涇至于桐塢十里皆水廣不能十餘丈每歲少雨田未病而湖蓋已先涸矣自此

以來人爭爲計說蔣堂則謂宜有罰以禁侵耕有
賞以開告者杜杞則謂盜湖爲田者利在縱湖水
一雨則放聲以動州縣而斗門輒發故爲之立石
則水一在五雲橋水深八尺有五寸會稽主之一
在跨湖橋水深四尺有五寸山陰主之而斗門之
鑰使皆納于州水溢則遣官視則而謹其閉縱又
以謂宜益理防隄斗門其敢田者拔其苗責其力
以復其湖而重其罰猶以爲未也又以謂宜加兩
縣之長以提舉之名課其督察而爲之殿最吳奎
則謂每歲農隙當儆人濬湖積其泥塗以爲丘阜
使縣主其役而州與轉運使提點刑獄督攝賞罰
之張次山則謂湖廢僅有存者難卒復宜益廣漕
路及他便利處使可漕及注民田里置石柱以識
柱之內禁敢田者刁約則謂宜斥湖三之一與民
爲田而益隄使高一丈則湖可不開而其利自復
范師道施元長則謂重侵耕之禁猶不能使民無
犯而斥湖與民則侵者孰禦又以湖水較之高于
城中之水或三尺有六寸或二尺有六寸而益隄

壅水使高則水之敗城郭廬舍可必也張伯玉則
謂日役五千人濬湖使至五尺當十五歲畢至三
尺當九歲畢然恐工起之日浮議外摇役夫内潰
則雖有智者猶不能必其成若日役五千人益隄
使高八尺當一歲畢其竹木之費凡九十二萬有
三千計越之戸二十萬有六千賦之而復其租其
勢易定如此則利可坐收而人不煩弊陳宗言趙
誠復以水勢高下難之又以謂宜修吳奎之議以
歲月復湖當是時都水善其言又以謂宜增賞罰
之命其爲說如此可謂博矣朝廷未嘗不聽用而
著之于法故罰有自錢三百至于千又至于五萬
刑有自杖者至徒二年其文可謂密矣然而田者
不止而日愈多湖不加濬而日愈廢其故何哉法
令不行而苟且之俗勝也昔謝靈運從宋文帝求
會稽回踵湖爲田太守孟顗不聽又求休崲湖爲
田顗又不聽靈運至以語詆之則利于請湖爲田
越之風俗舊矣然南湖繇漢歷吳晉以來接于唐
又接于錢鏐父子之有此州其利未嘗廢者彼或

以區區之地當天下或以數州爲鎮或以一國自
王內有供養祿稟之須外有貢輸問遺之奉非得
晏然而已也故强水土之政以力本利農亦皆有
數而錢鏐之法最詳至今尚多傳于人者則其利
之不廢有以也近世則不然天下爲一而安于承
平之故在位者重舉事而樂因循而請諸湖爲田
者其語言氣力往往足以動人至于修水土之利
則又費財動衆從古所難故鄭國之役以爲足以
疲秦而西門豹之治鄴人亦以爲煩苦其故如此
則吾之吏孰肯任難當之怨來易至之責以待未
然之功乎故說雖愽而未甞行法雖密而未常舉
田之所以日多湖之所以日廢率縣是而已故以
爲法令不行而苟且之俗勝者豈非然哉夫千歲
之湖廢興利害較然易見然自慶曆以來三十餘
年遭吏治之因循至于既廢而世猶莫寤其所以
然况于事之隱微難得而考者由苟簡之故而弛
壞于冥冥之中又可知其所以然乎今謂湖不必
復者曰湖田之入既饒矣此游說之士爲利于侵

耕者言之也夫湖未盡廢則湖下之田旱此方今之害而衆人之所覩也使湖盡廢則湖之爲田亦旱矣此將來之害而衆人之所未覩也故曰此游說之士爲利干侵耕者言之而非實知利害者也謂湖不必濬者曰益隄壅水而已此好辯之士爲樂聞苟簡者言之也夫以地勢較之壅水使高必敗城廓此議者之所已言也以地勢較之濬湖使下然後不失其舊不失其舊然後不失其宜此議者之所未言也又山陰之石則爲四尺有五寸會稽之石則幾于倍之壅水使高則會稽得尺山陰得半地之窪隆不並則益隄未爲有補也故曰此好辯之士爲樂聞苟簡者言之而又非實知利害者也二者既不可用而欲禁侵耕開告者則有賞罰之法矣欲防水之泄則有謹閉縱之法矣欲痛絶敗田者則拔其苗責其力以復湖而重其罰又有法矣或欲任其責于州縣與轉運使提點刑獄或欲以每歲農隙濬湖或欲禁田石柱之内者又皆有法矣欲知濬湖之淺深用工若干爲日幾何

欲知增隄竹木之費幾何使之安出欲知濬湖之淤塗積之何所又已計之矣欲知工起之日浮議外揺役夫内潰則不可以必其成又已論之矣誠能收衆說而考其可否用其可者而以在我者潤澤之令言必行法必舉則何功之不可成何利之不可復哉鞏初蒙恩通判此州問湖之廢興于人未有能言利害之實者及到官然後問圖于兩縣問書于州與河渠司至于參覈之而圖成熟究之而書具然後利害之實明故爲論次庶使討議者有考焉

王十朋鑑湖說

東坡先生嘗謂杭之有西湖如人之有目其亦謂越之有鑑湖如人之有腸胃目翳則不可以覩腸胃閉則不可以生二湖之在東南皆不可以不治而鑑湖之利害爲尤重昔東漢太守馬臻之開是湖也在會稽山陰二縣界中周圍三百五十餘里溉田九千餘頃湖高田丈餘田又高海丈餘水少則泄湖歸田水多則泄田歸海故會稽山陰無荒廢之田無水旱之

患者以此自漢永和以來更六朝之有江東西晉隋唐之有天下與夫五代錢氏之爲國有而治之莫敢廢也于有餘年之間民受其利博矣久矣至我國朝之典始有盜湖爲田者然其害猶微盜于祥符者纔一十七戶至慶曆間爲田四頃而已當是時三司轉運司猶切責州縣使復田爲湖自是而後官吏因循禁防不謹奸弊日起侵盜愈多至于治平熙寧間盜而田之者凡八千餘　田蓋七百餘頃而湖浸廢矣然官亦未常不禁而民亦未敢公然盜之也政和末有小人爲州內交權幸專務爲應奉之計遂建議廢湖爲田而輸其所入于京師自是奸民豪族公侵强據無所忌憚所謂鑑湖者僅存其名而水旱災傷之患無歲無之矣今占湖爲田蓋二千三百餘頃歲得租米六萬餘石爲官吏者徒見夫六萬石之利于公家也而不知九千頃之被其害也知九千頃之歲被其害而已而不知廢湖爲田其害不止于九千頃已也蓋湖之開有三大利廢湖爲田有三大害山陰會稽

昔無水旱之患者鑑湖之利也今則無歲無災傷
滋天之大水旱不常有也至若小水旱何歲無之
自廢湖而爲田每歲雨稍多則田以淹沒晴未久
而湖已枯竭矣說者以爲水旱之患雖及于九千
頃之田而公家實受湖田六萬石之入嗚呼其亦
未之思也夫災必訴訴必檢檢必放得湖田之租
失常賦之入所得所失相去幾何官失常賦而以
湖田補折之猶可也九千頃之民田其所失者不
可計其何以補折之耶王者以天下爲家其常賦
所入亦廣矣豈利夫六萬石之入而以病民耶況
湖田之入在今日雖饒而他日亦將同九千頃而
病矣使湖盡廢而爲田則湖之爲田者其可耕乎
今之告水旱之病者不獨九千頃之田也雖湖田
亦告病也況他日無鑑湖則九千頃之膏腴與六
萬石所入之湖田皆化爲黃茅白葦之塲矣越人
何以爲生耶此其爲大害一也鑑湖三百五十八
里之中蓄諸山三十六源之水歲無大潦而水不
能病越者以湖能受之也今湖廢而爲田三十六

源之水無吞納之地萬一遇積雨浸淫洪流滔天之歲湖不能納水無所歸則必有漂廬舍敗城郭魚民之患嘗聞紹興十有八年越大水五雲門都泗堰水高一丈城之不壞者幸也假令他日湖廢不止于今而大水甚于往歲則其爲害當如何此廢湖爲田其爲大害二也自越之有鑑湖也歲無水旱而民足于衣食故其俗號爲易治何以知其然也以守令而知之也自東都以來守會稽令山陰者多以循吏稱見于史傳者不可一二舉也非昔之守令皆賢也蓋民居樂歲之中室家溫飽民之爲善也易爾比年以來訟獄繁興人民流亡盜賊多有皆起于無年去秋災傷之訟山陰會稽尤多非昔之民皆善良今之民皆頑鄙也蓋禮義生于飽煖盜賊起于饑寒其勢不得不然耳此廢湖爲田不獨九千頃受其病獄訟之所以與人民之所以流盜賊之所以生皆此之由其爲大害三也自祥符慶曆至今建復湖之議者多矣而湖卒不能復非湖之不可復也蓋興議者有以撓之也興

議得以攝之者蓋亦建議者之未能深究夫利害爲耳建議者曰九千頃雖被水旱之害而常賦不盡失以湖爲田而官又得湖田之利爲多湖雖廢而何害且多爲異說以攝之此建議者之言卒奪于浮議者之口使建議者灼然知夫三大利害之所在以折夫異議者之云云則復田爲湖有不可得而已也

鑑湖說下

夫廢湖爲田有三大害復田爲湖有三大利湖固不可以不復也然亦有三難搖于異議一難也工多費廣二難也郡守數易三難也今之佔湖爲田者皆權勢之家豪强之族侵耕盜種爲日已久一旦欲奪而復之必游談聚議妄陳利害曰勞民也費財也失官租也有科率之擾也無積土之地也爭爲異說以沮害之官吏方墮于因循苟且之習復爲勢力多口舌者之所動移而欲冀成功于歲月之久可乎此搖于異議一難也昔人嘗計濬湖之工矣曰役五千人濬至五

尺當十五歲而畢至三尺當九歲而畢夫用工如此之多歷年如此之久其爲費如何今越不濬湖而財用猶不給況與至大之役有不貲之費耶此工多用廣二難也守令之于郡邑久任則可以立事數易則不能成功況鑑湖之開非一歲一時之所能畢今之爲守者或一歲而遂遷或半歲而遽易湖之利害不暇問焉能知不能知遑暇治其間慨然有志于開復者功未及施而去計已迫矣後來者所見不同復變前議以數易之守而欲與浩大悠久之役可乎此郡守數易三難也湖有三不可不開而阨于三難開是終無策以開之也某切謂欲遏浮議則不可不白利害于朝廷朝廷主之雖異議紛然但莫之卹可也如向者經界之行于天下固有不樂其事而欲動搖者多矣然經界卒行而民受其利蓋朝廷主之則事無不成況一鑑湖也彼異議者不過曰勞民費財耳夫勞民費財與無用不急之務則不可如鑑湖之利害如此謂之無用不急可乎自湖之廢也歲多災傷細民艱

食今于農事之隙募民濬治官出財民出力兩有所利民雖勞而不憚財雖費而不虚矣彼不過曰官失湖田之租民有科率之擾夫鑑湖之開千有餘歲矣昔無湖田之租有國者不以不足爲病豈今日獨少此耶況湖既復而民利與災傷不足而常賦不失民無凶荒之訴官無檢放之患較其所得與今孰多至若錢米之費當一出于官而不取于民竹木之具雖資之于民而盡酬其直胥吏都正從而擾民者則嚴法令以治之尚何科率之擾耶越人多謂湖可開也而土無所歸是不難積其泥塗以爲丘阜昔吳長文常論之矣今湖之側曠地固多擇其利便隨其遠近而丘阜之土非所患也欲沮濬湖之計者不過數者之說而皆有以處之尚何浮議之卹也謂日役五千人濬之五尺十五歲而畢者蓋通三百五十里之間而計之也其謂今之濬湖固未能舉三百五十里之內而盡復之也湖自熙寧以來建議者立兩存之說有牌內牌外之限今牌尚存而牌內亦盜而爲田矣爲今

月計者當先復牌內之湖其用工固有間自牌之外當以漸治之可也所費之財自本府經畫外又當請于朝乞每歲湖田所入之米以爲僱工與役之費朝廷捐六萬石之米不足以爲多而越得此以辦事則沛然有餘矣欲復田爲湖必當遲以歲月之久有久典之役無久任之守以主之則異議一稱而事必中輟是又當請于朝置開湖一司于越命守倅帶提舉主管之職如勸農學事之類又命二知縣分董之舊日會稽山陰知縣皆帶提舉鑑湖事守既職其事則必任其責雖遷易不常而後來者不得不繼非止術同也蓋職使然也又有倅終任以管其事令終任以董其役則責有所歸又命監司督察賞罰之俟湖成之日凡主其事董其役者皆次第加賞如是則湖不患其不復也昔論復湖之利害者多矣莫如曾子固子固之言曰謂湖田不必復者曰湖田之入固饒矣此游談之士爲利于侵耕者言之也使湖盡廢則湖田亦旱矣謂湖不必濬者曰益隄壅水而已此好辯之士

爲樂閘苟簡者言之也以勢較之進水使高必敗城郭矣二者旣不可用而欲禁侵耕聞告者則有賞罰之法矣欲禁水之蓄泄則有閉縱之法矣欲痛絕敢田者則拔其苗責其力以復湖而重其罰又有法矣或欲任其責于州縣與轉運使與提點刑獄或欲以每歲農隙濬湖或欲禁囚在杜之內者又皆有法矣欲知濬湖之淺深用工幾何爲日幾何欲知增隄竹木之費幾何使之安出欲知濬湖之塗泥積之何所又已計之矣欲知工起之日浮議外搖役夫內潰則不可以必其成又已論之矣誠能收衆說而考其可否用其可者而以在我者潤澤之令言必行法必舉則何功之不可成何利之不可復哉予固昔常倅越知鑑湖之利害爲詳而其言有足取者故并記其畧有能舉行予固之言而不棄某之兩說則湖廢乎其可復不然姑存其說以俟馬太守再生可也○忭按諸家所論前乎漢而無海塘則鏡湖不可不築後乎宋而有海塘則鏡湖可以不復也其說已盡況近者三江

之閘其益百倍于海塘惟時其啓閉以常護永利之大綱而于外塘之汰者務完之内流之壅者務濬之以時修水利之細目則畝之受利者且不止于一會稽矣又何鏡湖之追論乎而猶存曾王諸論者聊以備舊制云爾

會稽縣志卷第十三

學校志

府學　縣學

關之非其地而樹之不生也非其人而語之不聽也宜國之學殊於鄉郡邑之學復殊等焉然窮鄙之社即盆拊瓴相和而歌自以爲樂試爲之擊建鼓撞巨鐘乃性烝烝變矣無殊等也同於國

府學

地在縣南三里西䧟坊邑人吳孜捨宅建地繫於邑故以府學始詳載郡志

縣學

聖殿三間祀

至聖先師孔子

配以復聖顏子宗聖曾子述聖子思子亞聖孟子曰四配先賢閔子損冉子雍端木子賜仲子由卜子商冉子畊宰子予冉子求言子偃顓孫子師曰十哲

謹按唐武德二年詔國子學立廟四時致祭孔子貞觀二年從房元齡等議尊爲先聖乾封初追贈孔子爲太師開元二十七年追贈孔子爲文宣王二十八年敕每月朔望祭酒以下行釋菜禮郡縣長以下詣學行香仍前代制稱大成至聖文宣王肖像服袞冕祭用籩豆十二舞用八佾四配以下從祀者並以公侯稱明初正封號惟大成至聖文宣王封爵仍舊洪武十五年詔天下儒學通祀孔子永樂八年正聖賢繪塑衣冠令合古制至嘉靖九年用張璁議釐正祀典始爲木主曰至聖先師

孔子四配
十哲稱子
東廡祀四十八人（先賢）澹臺滅明原憲南宫适商瞿漆雕開樊須公西赤梁鱣冉孺伯虔冉季漆雕徒父漆雕哆商澤任伯齊公良孺奚容蒧顏祖句井疆秦商公孫句茲縣成燕伋顏之僕樂欬邽巽公西輿如公西蒧陳亢琴牢步叔乘（先儒）左丘明穀梁赤高堂生毛萇杜子春王通歐陽脩周惇頤程頤張載楊時朱熹陸九淵蔡沈許衡陳獻章王守仁
西廡祀四十七人（先賢）宓不齊公治長公晳哀高柴司馬耕有若巫馬施顏辛曹卹公孫龍秦祖顏高原壤駟赤石作蜀公夏首石處公肩定鄡單宰父黑樂旂左人郢鄭國原亢廉潔叔仲會狄黑孔忠施之常秦非申棖顏噲（先儒）公羊高伏勝孔安國董仲舒后蒼韓愈胡瑗程顥邵雍司馬光胡安國呂祖謙張栻真德秀薛瑄胡居仁
謹按洪武二十九年以漢董仲舒從祀正統元年

刊定從祀名爵位次二年以宋胡安國蔡沈眞德秀從祀弘治九年以宋楊時從祀嘉靖九年釐正祀典左丘明以下稱先儒某子凡神位改稱之位增祀漢后蒼王通宋歐陽脩胡瑗陸九淵五人隆慶五年以薛瑄從祀萬曆二十年以王守仁陳獻章胡居仁從祀

啟聖祠祀

啟聖公配以先賢顏路曾點孔鯉孟孫先儒周輔成程珦朱松蔡元定

謹按先師孔子父叔梁紇宋封齊國公元加封啟聖王原無專祠先賢顏曾思孟配享廟堂三子父乃從祀兩廡孟子父原不預祀先儒從祀其父亦未預祀嘉靖九年欽命監學俱別立一祠

名宦祠舊祠于五雲書院隆慶元年知縣莊國禎始移入學內祀唐李俊之宋曾公亮明王宗仁戴鵬吳達可趙士諤

鄉賢祠　祀宋海虞令何子平知饒州唐震明江西餘干縣儒學教授邵廉廣東布政司左參議陶懌廣東布政司右參議胡恩大理寺卿徐初遼東行太僕寺少卿章瑄廣東高州府知府曹謙兵部左侍郎贈兵部尚書陶諧知府贈學士童復吏部侍郎兼翰林院學士陶大臨吏部侍郎贈尚書董玘長沙府知府季本廣西按察副使范可奇贈刑部員外董祖慶隱士范瓘都御史陶大順理卿商爲正副使葉雲初光祿卿周應中布文林紹明提學御史王以寧參政商周初訓導沈椪沈肅

明倫堂　復禮齋　尊經閣　題名碑　臥碑洪武十年詔刻于學

敬一亭　刻嘉靖御製敬一箴幷御註心箴視聽言動四箴及聖諭于石碑

土地祠　奎星祠　貫珠樓　合璧樓

東西號房二十間　饌堂三間　嘉靖二十二年知縣華舜欽重脩

倉房三間

泮池 成化二年知縣李載開鑿置橋嘉靖三年高世奎甃石

教諭衙 庭有竹匾曰綠竹堂（明余成記）綠竹堂者予官署燕息之所也舊無匾今匾之曰綠竹云堂凡若干楹僅庇風雨在先師廟之西有修竹數百竿環列于門墻之左右蒼翠交加日出有清陰風來有清聲濟濟然可愛嘉靖壬戌之仲冬余來會稽署教事登斯堂見斯竹心甚宜之謂其可以供令署之玩也又明年甲子則再更寒暑矣玩之既久翛然若有相孚者心益宜之余嘗與諸士子坐堂上考德問業商確古今時造竹下一嘯歌焉竹之狀或俯焉若聽或仰焉若思或向焉若問或伏焉或從或嚮焉若荅或隨焉若和或昂焉若冲霄或起焉若凌風或蜿焉若盤龍或聳焉若翔鳳不啻諸弟子之侍于側而誾誾侃侃之象炳如也豈但供冷署之玩已哉予聞之昔之愛竹者多矣或曰竹似賢或曰竹比君子或裂之爲簡可以紀經史戡之爲矢可以征不庭製之爲簫可以

展孝敬栽之爲笙可以和神人盍有文武禮樂之才焉予不佞匾堂曰竹有以也安敢自附曰古之人乎匾既成或問于予曰然則所謂門墻桃李者抑不足尚與予應之曰桃李也竹也皆物也樹之存乎人樹桃李而舍其實小體之資也樹竹而尚其德大體之資也樹桃李于門墻孰若樹德之爲優哉諸士子固賢人君子之流負禮樂文武之才者也顧相與誦淇澳之詩而勗之則所謂有匪君子終不可諼兮者武公不得專美于前矣斯堂也斯竹也不亦均有光哉因記之以俟云

〈訓導衙〉一在聖殿東一在敎諭衙西

戟門三間　櫺星門三間　學門三間　倪元璐對禹會諸侯三百里揆文設爲庠序以教越多君子六千人定霸是亦聖人之徒

〈坊牌〉五座　前曰至聖東曰青雲西曰黄甲正德四年知縣徐岱建東北曰騰蛟西北曰起

鳳嘉靖十四年王教重修改匾義路禮門

祭器　大香爐一花瓶二並鐵小香爐五花瓶二爵杯二十一並銅按宋徽宗設禮品一副內十籩十豆明初國子監用籩豆各十天下府州縣各八成化十三年以禮部周洪謨奏加籩豆爲各十二外府州縣各十嘉靖初年遵照初制國子監用十籩十豆府州縣用八籩八豆

祭品　香燭酒羊豕鹿兎帛正位用綾餘用絹練長一丈八尺太羹實于登和羹實于鉶黍稷實于簠稷粱實于簋形鹽薧魚棗栗榛菱芡鹿脯實于籩韭菹菁菹芹菹笋菹醯醢鹿醢兎醢魚醢實于豆

祭儀　知縣至儀門請僉祝板稟起鼓請觀陳設由西廡行上至正殿出殿傍門左邊至東廡復到酒罇所視酒與帛引至殿傍立通贊者唱執事者各司其事主祭官就位陪祭官就位瘞毛血三

生進自側門捧毛血盤出自東門至東邊放在地
上以硫盎之迎神行三跪九叩頭禮平身奠帛行
初獻禮引者唱詣盥洗所酌水進巾詣酒罇所司
罇者舉冪酌酒司爵者捧爵司帛者捧帛詣
至聖先師孔子之位前引至祭官從側門入執事捧
爵帛從中門入引者唱就位跪獻帛獻爵叩頭起
詣讀祝位就位跪通贊者唱衆官皆跪讀祝文叩頭
起詣復聖顏子之位前就位跪獻爵叩頭起引至
宗聖述聖亞聖亦如引至復聖前至聖四配行初
亞終三獻禮陪祭官行分獻禮事十哲兩廡三獻
分獻俱畢飲福受胙謝胙行一跪三叩頭禮撤饌
送神行三跪九叩頭禮畢讀祝者捧祝司帛者捧
帛出自中門各詣
瘞所仆燎禮畢

祭文〔聖殿〕維
師德配天地道貫古今刪述六經
垂訓萬世維茲仲春謹以牲帛醴齊粢盛庶
品式陳明薦〔啟聖祠〕維　公誕生至聖爲萬世王
者之師功德顯著茲因仲春特用祭告〔名宦祠〕於

維群公來宦於茲政善澤流民具用思我祼我將罔敢或怠規矩準繩我式斯在

鄉賢祠 於維諸賢後先有作德業文章範茲來學我籩我豆時祭之供高山仰止我懷曷窮

樂舞 唐樂用宮縣舞用六佾明成化十三年增爲八佾嘉靖九年仍爲六佾司歌章六人司麾一人司應鼓一人司搏拊二人司琴六人司瑟二人司柷一人司敔一人司塤一人司篪二人司簫六人司笛六人司笙六人司排簫二人司編鐘一人司編磬一人司旌一人司籥翟三十六人通樂二人

書籍 永樂十三年頒四書五經性理大全各一部十七年頒爲善陰騭書一部十八年頒孝順事實一部正統十二年頒五倫書一部崇禎六年頒孝經小學各一部命學使者出題試士舊志載有五經正義十三經註疏今無存者

〔鄉飲〕明洪武五年令中書省詳定條式十六年禮部定到鄉飲酒圖式儀注令府縣里社一體行每歲正月望日十月朔日舉行縣附于府至日于府學明倫堂序立行相見禮三揖而後至階三讓而後升堂府官爲主位于東南大賓位于西北僎位于東北介賓次位于東南九十者六豆八十者五豆七十者四豆六十者坐五十者立府佐與縣之介佐學官之屬序爵坐皆西向耆老儒士序齒坐皆東向教官一人爲司正揚觶致辭恭唯朝廷率由舊章敦崇禮教舉行鄉飲凡我長幼各相勸勉爲臣盡忠爲子盡孝長幼有序兄友弟恭內睦宗族外和鄉黨毋或廢墜以忝所生講讀律誥兼授爵贊生員四人側不許奉祀武生充頂童子六人歌詩擊鐘鼓爲節行酒五行至七行不過十行賓主拜

揖乃退

〔學制〕宋天聖初始命藩郡立學慶曆中范仲淹輔政議興州縣學至崇寧中乃著爲令詔縣學

以時選試升其尤于州學凡縣學設學長學諭道學齋長齋諭各一人生員五十人明洪武二年命天下府州縣皆立學正統元年始設提督學校風憲官員

〔學地〕在東大坊橫闊四十五丈後橫闊三十三丈六尺北抵官河南抵官路縱長四十三丈六尺檽星門外地自建學以來廼官街至弘治五年知縣陳堯弼始通神道自檽星門南抵馬梧橋河縱長四十三丈五尺橫闊三丈四尺其後日為居民所侵正德以來僅存地二丈六尺嘉靖九年知府洪珠教諭陳驥齋學舊田併捐俸買拓近檽星門前神道兩旁地縱長左十二丈五尺右九丈九尺橫廣合舊凡二十二丈一尺又買馬梧橋河之旁橫廣二丈六尺嘉靖十四年闢知縣王教又買拓前神道兩旁地各橫廣三丈縱長三十一丈計地貳畝叁分叁毫合舊神道凡橫廣八丈六尺縱長三十一丈嘉靖戊申科之得

學地凡叁拾畝肆分陸釐貳毫

學田　謹按宋乾興元年詔給兖州學田而諸州遂爲例熙寧四年詔給田拾頃于五路爲學糧大觀元年詔察絕產以贍學乾道四年魏國史某鎮越拊豁置學田今無攷明弘治五年知縣陳堯爾所置其田共十七畝七分捌釐正德以來僅存拾壹畝伍分嘉靖中知府洪珠教諭陳驥盡鬻此田用以買拆欞星門外地（新田）總柒拾玖畝貳分玖釐貳毫四系（地）陸分叁釐柒毫凡伍段（一段）陸畝壹分貳釐貳毫在第四都大悲漊臨河結字二百一十一號若十三號今併（一段）貳畝捌分柒釐捌毫在第四都蔣家漊臨河結字二百六十一號內除墩地陸釐淨田貳畝捌分壹釐捌毫（一段）貳畝貳分結字二百六十二號抵換第二都辰字四百二十二號田貳畝（一段）捌畝柒分陸釐在第四都大悲漊第二坊結字二百四號若九號今併內除墩地貳分淨田捌畝伍分陸釐並科糧陸升共秋糧米壹石貳斗陸升伍勺（一段）伍拾玖畝柒分玖釐貳毫肆系地陸分叁釐柒毫在第七都吳容

坂四旁俱至河中包地叁拾肆畝貳分蕩拾畝柒分科糧叁石肆斗捌升壹合玖勺玖抄陸撮嘉靖中知縣王教撥置本學存炤立石以記嘉靖二十六年知縣張鑑丈量得田陸拾陸畝肆分柒釐陸毫萬曆間郡志載云近[illegible]皆置洪田壹百柒拾伍畝肆分叁釐玖毫又置蕭邑竹字號田念壹畝肆分

學宮舊在縣南一里竹園坊宋崇寧二年建（碑記）元至元十四年燬於火大德五年復建（程庸記）此後修於天曆二年（韓性記）會稽邑學重建大成殿成邑人士使性爲之記竊以庠序學校有事先聖先師古也曲阜遺復肇祀於漢其後文翁興脩講堂禮殿更數百年迄東晉猶在況于會稽儒風之盛冠于東州尊榮嚴飾宜異于他邑至元十四年燬于火後二十五年當大德五年始構大成殿比三十年摧剝傾漏不可復支慈谿童君桂壬講席瞿瞿然若負疚在己謁令長請焉縣令霍侯文輔擇邑士可任者俾之率作掄材工有緒矣會孟侯憂去哈喇哈孫來爲令長洪均與衆[illegible]夾贊

其成用工于天曆二年之八月畢工于明年之七月棨桷堅好丹雘華煥霍侯日至學視象設故暗者新之倫堂兩廡甚敝者葺之俎豆簠簋尊爵篚盛不具者完之春秋釋奠朔望伏謁若在洙泗之間仰睟容聆謦欬也惟聖人立人極以植斯人斯人遂其生若其性誠敬所寓千載一日祠祭之嚴歷代可考所以致尊敬報罔極之恩也然古之廟學更數百年而不廢後之營建隨成亟毀不能以世工之良楛懸絶至是耶將士風之不同耶抑完葺之功有繼有不繼也仁侯禮殿之創華好矣繕修之繼不有望于後之人哉敦禮俗興教化以稱布文之理有司事也一日必葺不敢怠校官職也仰綴一瓦俯葺半甓力之所逮不以煩爲憚邑士責也充而大之政教以行學業以成報本反始寓其誠敬千載一日可也○修於至正四年（李祁記）○修于明天順八年（魏驥記）自司徒典學之官設而學校之制興故自古以至今與圖之廣在在有學爲歷代之所重者誠以廸民彝育賢才之繫耳

然入天朝聖聖相傳重之尤至特任其責者有勤有怠故所在不免有興廢之殊若紹興之會稽學自創建以來規模卑隘不足以稱具瞻兼主之者恒乏其人甚而基址爲人所侵亦不知省遂至卑隘日甚于昔邇年僉憲陳公永按至學詢其由亟命郡縣爲之經理民猶未即以地歸未幾郡守彭公下車聞之知爲職之所當重乃曰吾責也其可玩愒視之爲傳舍乎即與二守李公恕輩議曰斯地爲民所侵有年且多豎屋其上一旦俾其遷移亦民所難吾視城中隙地頗多吾欲以其隙者易之吾輩盍出俸餘爲彼遷移費僉以爲然明日令民詣郡給費以遷民皆欣然而從地遂歸公復曰地歸矣宜乘時以闢學之卑隘可也又始出帑爲倡郡之篤于義者咸願出財力以助公乃需材鳩工命耆老敦匠事而規畫布置則咸出于公焉于是立表考宜蹟剷蕪穢中峙明倫堂堂之左右爲兩齋一曰存誠一曰復禮高亢明爽有踰其舊以至學之所宜者若倉庫若庖湢之類無不備具煥

然一新屋大小凡若干間來游來歌之士咸改觀
易視嘖嘖歎曰非賢郡守曷能致是事旣竣適典
教陳君華玉吳君文澄相繼來莅學事覩茲盛典
感郡守公之用心復所侵以大其基擴所隘以弘
其規其績不可不紀以爲後來者勸于莘其徒徵
言于予以爲之紀夫紹興素號文獻之邦賢才之
生風俗之厚歷代而然其所以沉涵陶育以致之
者寔由于學顧茲學之墜廢其興舉之也寔宜是
役也雖僉憲公肇其端而完其美寔郡守公之所
致其績則不可不書或曰魯侯修泮宫詩人頌之
而春秋不書者以脩學爲常事耳余曰今郡守公
能爲人之所不能爲其于斯學數十年爲人所侵
之地一旦能復之數十年爲人不省之學一旦能
闢之又出私帑以助之要不可以常事論當知春
秋書魯之君初稅畝作丘甲書其非常者擅變制
書以示其懲今予書公之典學復侵地闢卑隘書
其非常者能合義書以示其勸○修于成化　年
韓陽記○修于十六年章瑄記○修于嘉靖元年

韓邦問記〇修于五年董復記治化盛衰繫于學校故有三代之學斯有三代之盛三代以降化不逮于古者學校不古逮也我明稽古建學育才資治重熙累洽跡于三代於戲盛哉此崇重學校之明驗也會稽爲神禹過化之地英賢輩出其所以漸涵陶育以致之者寔由于學歷年既久傾圮匪時其間有任修理之責者然葺而未備充而未完不足以稱具瞻正德戊辰秋七月西蜀徐君岱以名進士來令茲邑下車之三日循故事謁　先聖廟退而延見諸生升堂講解畢環視左右喟然歎曰學校育才之地何隘陋之甚耶遂相度諮詢而更張之命義民秦鎬董其役闢隘爲廣飾陋爲華購隙地以通聖道鑿汚塞以通泮池南樹大成坊北暈尊經閣通衢東西則啟青雲黄甲二坊前峩後岌左右翼然鄉賢乏祠崇祀缺典侯亦因而創之若櫺星門若騰蛟起鳳二門則修其舊而鼎置修飾之凡學之所宜有若號舍庖湢之類無不庀治而垣墉之卑者亦以崇焉費不煩官役不病民

是冬功遂落成規模弘敞于昔有加踰年而侯被
徵爲侍御史去茲四餘年庠生秦倣郁謹孟霽袁
序篤嘉惠之思市石欲紀其事適新尹閩城林侯
炳蒞茲土覽廟模之翼翼詢知厥由謂非碑記之
無以勸示後來于是謀諸典教張君渙二教林君
文昇欣然從之遍作其情于士大夫僉曰宜然判
簿楊君冑涖其事屬復爲文辭之不可遂爲之記
葢治化之盛繫于人材學校者人材之地也徐侯
銳志學校而德惠在人彌久彌篤大學所謂民之
不能忘者是也抑合觀諸士子之情可以觀秉彝
可以考成功以之告于神明刻石以垂不朽夫豈
不可哉○修于隆慶元年陶大臨記嘉靖丙寅冬
仲府推陳侯文燠受檄下視會稽縣事三日莅
學官進諸生講顧視殿舍壞不治先師靈若弗妥
而學官弟子若寄訝之諸生以舊令莊侯國楨方
議新之而以名阻告侯曰諾吾其遂成之歸則撿
縣籍發所羨均平銀二百兩授喻丞南岱董其事
役肇興適傳侯民諫以才自奉化移會稽勞厥事

視所劇缺身任之計茲役門殿庭廡堂閣祠舍庖湢爲間者百有石材甓膠漆坊校以箇以銖計者數萬有奇赤白黃青髹䰍級蓋明燦穆清視昔加勝先師及靈學官弟子舍寄而就定始三月六日至十月朔而成爲功者千有奇始末成時傳侯數莅茲役顧問名宦祠何在有以五雲書院對者時學師錢君廉方議入祠于學遂以請侯曰曷入之侯遂廸覲生華復請于陳侯陳侯益復任之助以郡廨資祠遂入學中與故鄉賢祠峙典益大備至是學師錢君廉張君彥卿鄭君薦華率僉予來以記侃聞昔漢文翁守蜀以蜀僻陋既遣士詣京師就學又修起學宮于蜀中蜀人大奮志比於齊魯其後有王褒楊雄司馬相如者出而以文學名天下人未有不急于褒而緩于盛者始文翁急蜀學以學褒耳今會稽文愈盛矣郎使文翁處今日且不知其何如而三侯者固如彼其急且陳侯攝也其急此爲尤難可記也相如褒雄三子寥寥徒文藻士耳其進而顯名又不由學宮然至今稱三子

必歸德文翁劉吾會稽上登學宮敏秀者五百人
其所衎嘶遊衍經行其于寥寥二三子徒拖文藻
者既懸殊至登用又未有不由學宮者他日將歸
德於振舉視文翁又何如哉蜀張公名鑑者昔知
會稽爲學濬河剏起樓閣士且與起科亦倍徃昔
時臨尚班諸生親見也今去此若干年何幸再一
見之故樂爲之記（商廷試記）陽山莊侯國禎尹會
稽之三年以循良徵拜諫議頒行莅學宮進諸生
諭之曰會稽名邑學校重地而殿舍弗葺有司之
責也敢謝不敏焉乃出羸金若干謀經始之未幾
而傳侯民諫自奉化移治會稽學官弟子以修舉
事宜告侯曰政急先務敢不良圖乃會財而出徵
發調集具有條理于是榱棟楶桷罔不整飭瓦墁
城甓罔不堅好斵刻丹艧罔不華緻以聳瞻嚮而
時居游又剏立名宦祠于鄉賢祠之左而學制大
備工始于丁卯六月三日訖于是年十一月一日
又踰年而張君秉學來掌學事偕司訓鄭君薦張
君彥欽日與弟子員陳子欽沈子楩考德問業必

推本二侯興學造士之意乃率而徵言于廷試余謂今之有司知急興學之爲務者鮮矣乃若莊侯已內名而克謀厥始傅侯甫下車而力襄厥終二侯協心同底于成諸士子仰承德意有不爭自淬厲振奮以顯庸于時者乎雖然予竊有惧焉自科目制與而士之游庠序者惟知讀書綴文以應有司之求而已訓詁辭章溺心喪質將日淪于卑陋間有才辨之出于衆者始若不安而倡明心學乃立意于高妙其說以頓悟爲宗輕相印可又曰驚于奇靡詠詭而聖學益以晦矣其視先王道德行藝之教詩書禮樂之澤何如耶今之學者皆知尊孔氏矣夫子之所雅言在詩書執禮教人文行忠信至其自謂則曰下學而上達　下學者忠信以立本也文行以致用也詩書禮樂皆其具也而上達之妙無不在焉此孔門眞寔之學先王之教所賴以不墮也今舉業以時制不得廢而高談性命又無寔用思造士者欲推明孔氏之學以修先王之教亦慎其所取之而已先王以鄉三物教萬民

而鄉大夫所以興賢能者亦考其道德行藝之寔
于閭師族胥之所書者而已猶曰德成而上藝成
而下今之取士藝焉而已取之以藝而欲求相勉
于德行難矣豈知德行文藝本相表裏篤其寔而
藝者書之則美愛斯傳使校之取士而必由此其
選也則舉業亦何患其奪志哉故曰亦慎其所取
之而已矣之所以興學造士者意有在于斯乎予
故樂爲之記○修于萬曆[redacted]年（陶望齡記）黃岡曹
公來蒞茲邑視政多暇則進其邑之弟子而程角
之以歲歲時謁奠　文廟帷謹周覽堂序怦然駭懷
慨廡宇之就圮隱文治之未朗歎曰是余之責也
夫孰爲政而使臻此政孰急于此也其議新之而
難其費于是周計帑中得故儲之鏹及罰鍰之就
徵者凡若干緡鳩工庀材時不易節賦不益入民
不加役而模增敞貌增煥邑弟子之講德而游斯
者文亦若增而絢氣亦若增而揚傳士層君何君
率其諸弟子相與頌公之功而請不佞記之余曰
諸君之功我公也何哉曰學校之制於郡縣也甚

鉅而曩之吏者傳舍其官以甌脫吾學校猥云無動是土木善汚黷人也非我公不遂傾敗嘗試哉望帝宫象門者使人心肅而憚過梵宇叢祠者使人心虛而鬼宫室之于人心固然今吾邑之士人日聚于斯而覩先聖之宫甍棟翼然彤彩艷然其庶幾亦有遠心乎余曰公豈以其宫室之敗壞是葺將亦今世士習之敗壞是與古之君子槁行有壇宇潔志有堊滌至道有奥窔謹其籓籬窒其隙穴所以救敗而自完也士節之不渝緊質行是賴自不佞之去爲諸生而至于今且三十禩其間文明奕而日聚而淳樸則若澆而日散可謂歲有不同矣士處于黌校猶女之處室然故心繫紘綖而口不問州郡志大宇宙而身在環堵今之士似不無小謬也其焉用文之作室者先撥日測圭奠基厚礎其材大者梁棟小者櫨枅最後乃刻鏤藻飾耳文之于士奚刻鏤藻飾也非質幹烏施哉吾邑庠于天下稱能文其先多君子而茲又有賢令如曹公者砥整名節以爲多士勸語不云乎已雕已

琢復歸于樸此亦歸樸之一時詎令遽傾敗薈穢爲也諸君其懋之其使吾庠之士風與其宮墻並新今日以無負公加惠至意則有起而言曰淵哉先生之言吾庠藉公而新後且必有能繼公而新之者則猶有故也而有待也若公之大造我人士則烏乎故也而烏乎待也請以先生之言授之石公其常新者存是役也四博士君寔始終之得並記焉曹公名繼孝楚之黃岡人前教諭孫君名性之今教諭晉君名其訓導張君名紱何君名衡其前沿革語具舊志中（萬曆始年邑令羅相重修

陶望齡又記

州縣復得建學自宋慶曆然其時或衆或罷廢典尤視守若令能否明與膠庠偏郡國秩祀嚴備文教蔚然遠久而士木敗蠹廟貌或弗飾籩豆簠簋彝爵春秋奠享至取給市肆無以稱尊事先師之典學徒佻達散處舍宇皆圮敗無資于公以聚之茲用刓弊又非所以隆教化也其舉墮救敗飭與弗飭亦恆視守若令能否豫章羅侯治會稽三年綱目畢張尤先于造士月朔旦拜謁

文廟肅瞻棟宇嘆其故敗謀新焉數月訖工階䃭圭屬丹堊既煥曰器弗庀不可祭也遂謀更壞者補所未具既具矣曰無公田以養于是籍辜者菴于學凡爲田若干畝蕩若干畝初侯之至也屬當賓興士謀曰會稽與山陰俱郡輔邑士之材美無讓焉而試者額顧縮不可于是白主者增二人著爲例凡鉅至廟堂纖至什物遠者廪士之田升士之額前二百年所未備後垂無窮皆侯振修之嘉惠邑人士甚盛何可無紀于是學諭某訓導某某偕弟子數十輩以文屬望齡而記之系以言曰孔氏之道遠而彌尊久而彌章歷漢唐洎宋而追崇之禮紹明之功備矣其爵自公而王享自象設而鎮圭袞冕祀自闕里辟雍而荒服下縣不亦遠而彌尊哉漢時諸老先生傳言篤說而已自王通韓愈迄于濂洛關閩而大儒輩興神領步接遂亂其統不亦久而彌章哉雖然吾猶將援禮方道而言今代之尤盛也夫像設以肖之王祀以尊之吾未知肖與尊之得如也像者土木而益其人哉爵以

王貴矣而議猶嘵嘵于帝號何者稱王于今而貴可加也我肅皇帝之尊孔子也不然更像而位之去王而師之更像而位則其虛也而後祀者洋洋乎如有覩焉夫子者魯一夫也而道則師也還夫子以一夫而師之則其質也故其尊出乎帝王之上而不可加蓋無肖之而眞還無爵之而尊全矣往古之事孔子未有善于是者也嗟乎後之學吾孔子者將亦有像設而王祀者與孔子所知者知之可者可之而夫子固曰吾無知吾無可無不可然則彼所學者夫亦其像耶孔子之道常道也辟之位猶魯一夫也後之推尊者無以喻其大而袛卑焉此王祀之類也當正嘉間越有鄉先生者起而一刬其陋撤膠固之象設而洗虛謬之王稱于是學者稍稍有闚見而夫子之道昭融顯耀易簡而彌高往古之學孔子亦未有善于是者也先生之教始于鄉而盛于大江以西西士之服膺先生也甚于其鄉比者先生業俎豆孔子之庭矣說當易行孔子之道當日顯羅侯又其封邑人英敏特

逵九酉士之賢者而適仕于此知必有以明其道也學校者將使人聞道而至於命者也予不敏將與邑子共承之侯名相江西新建人萬曆壬辰進士○崇禎年重修諸生倪元瓚董其事

皇清康熙辛酉重修福建總督姚啓聖捐資（王元臣序）會稽山水甲天下東嘉所稱山則磅礴蜿蟺龍盤鳳徊水則浩淼泓澄鷗舟馬檝國東南奧區而千巖萬壑往往膾炙人口輒爲夢想久之故若材稚竹箭焜燿瑰奇懷瑾握瑜者皆後先鵲起斯固靈秀所鍾而抑知其陶淑於禮教範圍於學問者正深且遠也歲庚申余獲挽綬稽邑雅願與此中高賢碩士樂數晨夕而簿書旁午一切未遑前下車卽詣學宮伏謁

先師見殿廡未盡脩飭及明倫堂啟聖祠亦多頹圮不覺撫然太息蓋學校者先王所以勵世之人材導民之觀聽也黨庠州序秩敘彝倫使忠孝蔚興譽髦鼎盛悉淵源於是則學校之關於郡縣綦重稽山人才夙著甯獨本源之地豈可聽其頹廢而

不至圖脩治歟郡丞許公前攝邑篆巳帥先創始而廣文趙熊草吳觀岳兩君相與鼓舞而振作之俾邑之縉紳先生暨庠之子衿向風慕義咸樂助以成其事鳩工庀材使煥然一新詎非盛舉由此聽泮壁之輝光望几筵之整肅敦五品而研六藝典章道業相得益彰教化宣於上風俗成於下政治之要孰有大於斯者乎爰書數語引其端金烱

記學宮之設所以使成人小子均歸於德造之選者也故黨庠術序建諸三代而魯侯之脩泮宮詩人美其采芹采藻豈非彝教聿宣懿行丕著必以建學爲明倫之要哉會稽山水甲天下靈淑之氣蔚爲人材而士挺生於其間以理學文章功績事業顯者後先代不乏人彬彬乎誠華國之名儁經世之大儒也邇者　聖殿將圮明倫堂風雨飄搖必至鞠爲茂草目擊心傷凡屬聞見無不徘徊者久之幸公甫涖任輒謁文廟顧瞻咨嗟謂學博趙君熊草吳君觀岳曰匪僅司鐸之事而亦守土者之責唯是庀材鳩工俾廟貌不致毀壞膠庠得以

巍煥洵斯吏不可緩之舉也于是首捐廉俸以爲紳士倡而庠彦之勤而斂於事者董子琦傅子磬祝子弘堎胡子士章輩俱竭力而經營之竊思炯之先王父楚畹公歷任太常先嚴仲星公弱冠即補增廣生暨家季雪洲筮仕郯城令俱列名於茲邑炯雖係籍山陰而不敢忘我祖我父之所自始亦相與奔走恐後趨承不遑焉公擇吉脩葺榱桷重光冊雘有赫而自大殿以迄堂廡昔之黯然失色者今則蔚然改觀豈非奮勵率先而都人士于以好義捐輸漸臻厥成也哉至於稽古閣之無存啟聖宫之將頹鄉賢祠之久廢敬一亭徒有其碑文昌祠并損其像儀門黌墻未護整飭合璧貫珠猶待葺理此固公之朝夕弗去諸懷而以尊崇聖賢樂育譽髦爲惓惓之急務也然而功費浩繁裒事不易大司馬憂菴姚公捐資獨任而介弟别駕雲從公承冢兄之命以實心而行實事瓦墁墄甓俱爲堅好梓材垣墉悉屬精良踵美增華舍舊圖新要以我公爲之於先姚公繼之於後將杏壇之

遺教再丕播於稽山闕里之餘風復振興於鏡水而俎豆不恍絃歌四徹者邇本窮源誰之功哉猶憶辛酉之夏公董率學事卽于是秋浙闈賓興士子歌鹿鳴者四人壬戌會予敬候隨捷南宮列庶常皆屬公之門下士而志乎桃李獲侍函丈者其崇獎後進鼓舞勿倦之意孰不願昂首思奮登龍而望公之顔色追隨凡杖親炙休範爲宮牆之弟子乎哉

學政

巡撫都察院范爲申嚴學政事照得士習首乎民風文章關乎世運禮義廉恥藉此而維政治經綸于是乎出而提學一官尤爲通省風教之本取舍舉錯多士所趨本院備悉浙省士氣頹靡由于學政廢弛該道今當新任正宜起弊維風爲此牌仰該道遵將後開款件一一申嚴實心修舉其有未備推廣施行本院務必詢事考文循名責實以稽該道之績毋或泛視致滋頹波○一端士習士習至今日大敗矣而兩浙之狂悖尤甚其無賴者交通衙蠹連結有司健訟包攬寫詞造訪爲豪宦之鷹犬作百姓之豺狼甚至唶列倉夫烹分銀米明當行埠勒派常規局賭囤姦串逃窩賊辱身賤行敗法亂常致使臧獲羞稱路人掩鼻不惟非士亦且非人其狂悖者高論大言放意肆志

或于呈狀之中盛誇才學或于稟啟之內極詫
高見者自謂朱程誕者輒方管葛甚至告頂腐
未進童生惟論歪詩敢來冒瀆凡此兩種世所
聞該道務宜責成教官細加查核嚴檄州縣不許
引容凡開報劣行諸生必先去其太甚毋以次等
之人塞責其開行當埠者查訪革除非種既鋤嘉
禾自秀貞教與行之風可次第而舉也○一正文
體兩浙文名從來甲于天下乃本院觀風大錄兩
試生童彙其雷同之語則數行之內可刪千篇擴
其膚泛之詞則一題之文可移百義文與題既不
相涉心與手若不相知腐濫卑庸聊且粗畧故天
下有五錢名士之誚而識者貽半分不值之評總
由失其良心溺于靡習竟謂不須本領貞可誑騙
祿名是爲狗偷鼠竊之心腸即係發政害事之根
底爲士得無下賤爲官安不貪庸其尤甚者惟詭
誕詞荒唐悖謬如讕如囈似風似癡何殊病狂之
人乃詫高奇之筆則又文中之魍魎理義之亂賊
也該道務當盡心釐剔力去氣襍題義必稟精淳

文章須有識義詞尚體要毋取浮靡氣貴英華勿流卑弱深渾堅厚者可占邃養之功俊偉光明者足爲正直之器矣則顯典簡易爾雅風流雖非有用之文亦勝膚庸之陋是在留心簡拔列目品題一郡流傳他州觀法風自此而振矣○一嚴崇祀鄉賢之舉雖曰一鄉之賢然必有德足及人訓可垂世者乃敢祔祀宮墻追隨聖哲若僅斤斤無過原非懿德可稱況下此而又遞降者乎本院歷任一年州縣司道之請鄉賢祠生者不啻數十卒皆已故顯宦受贈封君處士碩儒曾未一見則是賢賢之典徒爲貴貴之資而禋祀之隆僅同埜祭之例竊意　先聖先賢其能罔怨罔恫今任者難追將來可戒該道身司風教務宜着力澄清苟非其人心喧物議况准部咨奉
旨嚴飭不許冒濫繁多倘狥私情致干
功令鬼神王法兩所難容仍行嚴飭生員教官毋得趨炎妄舉自簡當畏清夜宜惕戒之敬之○一禁冒籍冒籍之弊雖他省亦有之而無如兩浙之甚

且肆也蓋人之必欲冒籍者或因問擬罪犯本地難容或係劣行黜生條例難復或出身下賤圖他郡之不知或才學低微希小邑爲易取又因貪汙學道鬻賣數多此縣有餘移之彼縣是以冒籍之禁寬于匪丧娼優隸卒之上者誠謂匪丧以及娼優隸卒但一冒籍俱可容其奸弊也本院每閱詞詳生員學貫多非本縣甚至本身姓趙父兄姓王而弟姪姓李者總出頂名改姓冒籍冒宗鬼蜮溷淆寡廉鮮耻此輩爲士子復何望其知書識禮而安分守法乎至于台温處郡額多中下地在偏隅本土之人尚難于數而才黠者利其殘僻群擁齊擠致使本地儒童十僅得其一二此皆廪生貪賄連黨成群違悖敎條敢行保結此而不飭不究能不叢弊叢奸該道職司文衡宜爲執法務嚴禁止犯者不饒保結廪生立行黜革抑奸宄而拔孤寒豈伊異人事哉○一公進取遡來生童之運否亦極矣額數既少年限復多而鄉紳說情文衡自貴上司有百名數十名之額例同僚有自託轉託之

夤緣幾至正額不敷于旁求眞才永淪于幹棄三
年攷若每次捐遺市井襟裾群然登進使黌宮爲
積穢之藪而督學似弁髦之行玩法瀆天斯文墮
地蓋匪類之戎首乃名教之罪人該道今試新刪
正宜痛滌積弊欵中所列此項爲先總之身教者
從自然諸弊可革本院採訪極密風聞極多若蹈
前車定貽後悔尚愼旃哉○以上造士五欵雖非
造士本原然起弊乃可維風興利不如除害故不
襲棫樸菁莪之僞語作興仁成德之套詞惟是弊
害既除鄣成教化急其先務行以實心是本院所
拭目于該道者也仍將所列各條通行頒示申
飭並取遵依送閱康熙九年八月十七日頒示

社學　明洪武八年部有司立社學有司不得干預
其經斷有過之人不許爲師正統元年令各
處提學官及司府州縣官嚴督社學不許廢弛其
有俊秀向學者許補儒學生員四年奉勘合每里
各設一所成化元年令民間子弟願入社學者聽
其貧乏不願者勿强弘治十七年令各府州縣建

立社學訪保明師民間幼童年十五以下者送入讀書講習冠婚喪祭之禮

會稽縣志卷第十四

祠祀志上

壇　廟　祠

邑之有祀凡以爲年也彼神之關于年者邑既祀之矣若嶽之鎮則該一州禹之功則在九州天子之命祀也而地寓于邑之内故邑亦得書凡以爲賢也彼鬼之關于賢者邑既祀之矣若祀之創于私墓之祭于其子孫又非有天子之命祀也而恩係于邑之公故亦得書于邑厲非賢又非年也而

祀之且書之何耶屈平之歌國殤有曰身既死兮神以靈魂魄毅兮爲鬼雄而子産亦曰匹夫匹婦其魂魄猶能馮依于人以爲淫厲夫殤傷也厲沴也彌闕于年者也匊飽餧于幽滓枯之義也豈直平焉已哉　徐渭

壇

一社稷壇附府在迎恩門外慶元二年知縣王將會重修明制凡郡縣附于壽者俱附祀于府壇縣壇遂廢舊壇宋在縣南之禮稷坊達游記縣社在禮遜坊門社同縣門風雩日雷師日雷神凡五壇皆築不治祀則芟舍以爲焚爲社之督一事章藏聯惡十界樊王府之門柔

議所四明王君泰時會之泰爲守考至然祠壇廢壞
然嘆曰去爲守庸人民社稷事孰大于是亟
卽其址爲垣八十丈築屋四楹有門有庫藝松至
千稽合制度葺器點薦幣篚樽俎豆籩簋勺爵
實不如式粢盛酒牲醴等皆不供給皆有次視牲
省齋宿禁省飲食醉飽饋慝望燎瘞有儀就
事各效其日王君祗敬齋栗與其僚從事禮成而
退無違者會稽歲比不登及是雨暘時若歲以告
豐民皆曰吾令致力于社神實享答吾其可忘乎
乎是父老子民相與告于予囑記其事

風雲雷雨山川壇在會稽山之麓

舊壇在山陰昌安門外已上二壇並廢舊祀亦曾祀于府並准社稷壇例清明中元十月朔迎泰厲至壇

里社壇鄉厲壇洪武初制每里立一所今或存或廢

廟

城隍廟　石坊一座　大門三間　正廳三間

後堂三間　扁曰同春堂　道房三間在縣東二十餘步　正德

十五年知縣徐岱脩嘉靖十九年知縣吳希孟重

脩（汪應軫記）凡天下府州縣必立城隍廟祠其來

久矣其守若令于人力之所不能致者必于祠禱

焉不但水旱蟲蝗霜雪彗孛而已至于妖蛇猛虎

之類亦嘗移檄以告而其應如響蓋政爲之明而

神爲之幽人之情匆欺明而懾幽故政嘗于神之

助此立祠意也會稽附府之附縣其城隍必與縣同

始然其創建之歲月與其令佐之姓名前後之脩

葺多不可考矣獨西蜀徐世瞻于正德末年來蒞

茲邑更脩之文其自製也嘉靖庚子吳君孟醇領

亂辟之江右參藩以抗疏時言事謫貳會稽到官

甚且致齋于祠仰瞻殿宇頹敝徐令之文日蕃矣然

祠傾廢稱也遂捐錢恭守又幸耆老尚義者轉相
勸助不數月功成增屋數楹闢地濶可四丈深逾
丈二尺其制視舊爲壯于是諸老以吳君命屬余
記其事余曰會稽本山名也禹會諸侯于此後人
不忘禹之功故以山之名名郡今郡名已易而縣
猶存其名則夫官于此者顧縣之名可不思禹之
功乎今稱禹者必曰神禹以禹之心合于神明也
思禹之功而求合禹之心神其有不相之者乎神
而相之則夫人力之所不能致者不足憂矣吳君
豈能識曰未也禹之心固神矣然其所以治水者
行其所無事也今天下之爲人牧者能行其所無
事如禹者乎民有利也不以利治利也而以我治
之民有害也不以害治害也而以我治之民有賦
也有訟也不以賦也訟也治之而以我治之是皆
有所事也是皆拂乎禹而取怒于神者也曷以求
致人力之所不能致今君前爲丞則以丞爲丞後
爲令則以令爲令是皆行所無事也吾固知之矣
循此而往可幾于神矣幾于神則今之修祠也非

漫也君名希孟字子醇晉陵人相厥事者縣丞湖南羅君尚介主簿桂林蔣君瓌典史三山林君壽俊○順治十年居民斂

康熙二十一年邑令王

紹興衛旗纛廟在縣南二里明洪武十六年始基于衛治之西南旣居民錢阿金遷縣治東南之法濟里宣德間傾圮弘治癸丑重脩今頹廢

南鎮廟　正殿五間　後殿五間　東西兩廡各十四間　中門九間　石門三　碑亭二在中門外東西對峙　齋宿房　宰牲房在縣治東南一十二里會稽山之陰周禮職方氏曰揚州之鎮山曰會稽秦併天下以會稽山爲名山祭用牲犢圭璧晉成帝咸和八年會稽內史從祀北郊北齊祀北郊以方澤其神則會稽鎭蓋山隋開皇十四年詔歲

立祠會稽一人主洒掃多蒔松栢于祠下䆠天寶十年封永興公歲以南郊迎氣之日祭宋乾德六年以會稽在吳越國乃下其國行祭事淳化二年從秘書少監李至言以立夏日祀南鎮會稽山永興公于越州後加永濟王元大德二年改封昭德順應王明洪武三年詔去前代所封爵號止稱會稽山之神每三歲制遣道士齎香帛致祭凡遇登極則遣官告祭災眚則以祈禱祭每歲則有司以春秋二仲月祭錢壽陵一日

田一百二十九畝七分三毫地六十四畝一釐六毫山三百三十二畝六分五釐二毫共五百一十六畝四分二釐

明洪武二年勅祀記命禮官張本致祭本作記曰洪武二年春正月羣臣來朝皇帝若曰朕自起義臨濠率衆渡江宅于金陵每獲城池必祭其境內山川罔敢或怠邇者命將出師中原底平嶽瀆海鎮悉在封域厥祀　天地祖宗之

靈武功之成雖藉人力然山川之神實默相予冥
自古帝王之有天下莫不祀秩尊崇朕曷敢違于
是親選敦樸廉潔之臣賜以衣冠俾齋沐端肅以
俟茲以正月十五日受祝幣而遣焉臣本承詔將
事惟謹正月二十八日祭于祠下威靈歆格禮事
孔明磬石鐫文用垂悠久惟神豐隆磅礴靜主奧
方典禮既崇綱維斯奮福祚保安境土而福澤生
民是我聖天子之望于神明者而亦神明祚我邦
家之靈驗也臣張本記三年詔自有元失馭羣雄
鼎沸土宇分裂聲教不同朕奮起布衣以安民爲
念訓將練兵平定天下大統以正永惟爲治之道
必本于禮考諸祀典如五嶽五鎮四海四瀆之封
起自唐世崇名美號歷代有加在朕思之則有不
然夫嶽鎮海瀆皆高山廣水自天地開闢以至于
今英靈之氣萃而爲神必皆受命于上帝幽微莫
測豈國家封號之所可加瀆禮不經莫此爲甚至
如忠臣烈士雖可加以封號亦惟當時爲宜夫禮
所以明神人正名分不可以僭差今命依古定制

[illegible]遣[illegible]所時[illegible]號正[illegible]
[illegible]
[illegible]世治美之[illegible]
[illegible]其孔子明先王之[illegible]為天下師以濟[illegible]
[illegible]有功于一方一時者[illegible]此所有封爵宜仍其舊
[illegible]神人之際名正言順于理為當用稱朕[illegible]
[illegible]神之意故兹詔示咸使聞之登極祭文洪武[illegible]
年皇帝遣臣致祭于南鎮會稽山之神惟神表正
南土鎮安民物參贊之功國有賴焉兹予嗣位之
初特用祭告神其歆格尚饗宣德元年惟神鍾秀
鍾靈鎮兹南土奠安之功民物允賴兹予復正大
統祇嚴祀典惟神歆格永祐家邦尚饗正統元年
惟神奠兹南土民物育生允賴神化予嗣承大統
祇嚴祀典惟神歆格永祐羣生尚饗景泰文成
化元年惟神功參造化永鎮南土奠安民物萬世
永賴兹承大統謹用祭告神其歆鑒祐我國家億
載弘治正德嘉靖元年文並同災告祈禱文[illegible]
[illegible]年予新嗣祖宗大位統理下民夙夜惓惓[illegible]

爲務祈神靈陰隲助相雨暘時若災沴不生[illegible]
夔所處民用康濟國家清泰永賴神休謹以香[illegible]
達下至誠祈神鑒格尚饗〔正統二年〕朕祗御下[illegible]
永懷祭恤百穀長育懋茲厥功顯其神靈時[illegible]
佐無災無沴時雨時暘作歲豐穰以穀黎庶尚[illegible]
〔正統九年〕予奉天育民惶恐于德致茲久旱災[illegible]
肇生夙夜省愆中心惕切神司方鎮憂憫諒同[illegible]
蒙以時宜任其責特茲祭禱尚冀感通弘布甘霖
俾臻豐稔匪予之惠時乃神休尚饗〔正統十年〕爲
家崇重方鎮嚴秩祀所期默運神化庇祐生民
遐者浙江台州寧波紹興府縣沴氣爲災特援大
疫疾者相枕病者無已覩之惻然深咎于衷惟謹
[illegible]冀茲土民乃得頓甦茲安拯能不究心茲特遣
官賫香帛以告于神尚冀默鑒上帝好生之心鑒[illegible]
[illegible]元元之意弘賜霖靈澤霑釋患民物獲甦[illegible]
[illegible]慝之氣[illegible]
[illegible]
[illegible]

[illegible]
[illegible]遠與學[illegible]惟爾有[illegible]
[illegible]而[illegible]
皇帝[illegible]成化十三年國家[illegible]神明[illegible]
氣運化機[illegible]民庶乃近歲以來天時[illegible]
道不寧或雨暘失常寒燠愆候或[illegible]
於六行遠近人民頻遭飢饉流離困苦痛何可言[illegible]
者山陰又有雨血之異惕然于衷罔知所措[illegible]
負鎮一方民所恃賴邇者災沴能不究心是用[illegible]
具香帛遣官祭告尚冀體上帝好生之心鑒予[illegible]
惻元元之意斡旋造化弘闡威靈捍災禦患[illegible]
為福庶幾民生獲遂享報無窮惟神鑒之謹告[illegible]
化二十年朕承祖宗大統餘二十年兩于奉[illegible]
民之道未嘗敢忽何去年至冬雨雪全無春[illegible]
首京師地震變異無歲無之望且民僕[illegible]之[illegible]
維神鍾秀鍾靈表鎮南土覩此災沴能無[illegible]
特遣人敬賫香帛虔告于神尚斯默運神機[illegible]
飢齊解除陰陽順序風雨以時四維寧靜[illegible]

[illegible]之事祀事嚴虔倚饗一誠治六年獲身未嘗[illegible]
[illegible]春少康思家未能報稱積愆屢貫母憂變予遭[illegible]
[illegible]因自修身循省虔致禱祈懇禱[illegible]
[illegible]早遣旌旌以蕆禾蘇以專[illegible]
[illegible]之蘇神亦享無窮之報謹[illegible]
[illegible]年[illegible]事致討逆[illegible]
[illegible]身[illegible]
者西方多事求早相助凱享載塗八民[illegible]吉[illegible]
當[illegible]勤捕未[illegible]循省咎由[illegible]深兢惕伏望[illegible]
[illegible]陰贊化機芟殄潛[illegible]永[illegible]協應[illegible]我[illegible]
生民謹告萬曆泰昌天[illegible]崇禎[illegible]俱有[illegible]
呈[illegible]治八年遣太常寺少卿孫[illegible]祭[illegible]
[illegible]于崇嶽雲鍾萬類帶布[illegible]物福民[illegible]
中愛昭[illegible]遐荒[illegible]響
[illegible]治十八年遣刑部右侍郎李[illegible]
秀鍾于嶽鎮靈[illegible]自物[illegible]
天命[illegible]神[illegible]
[illegible]大年遣刑部[illegible]

護千巖靈鍾萬壑帶江襟海育物福民朕紹鴻圖
務祗荷神庥特遣專官用伸殷薦惟神鑒焉
康熙十五年遣官布政司李廷松致祭文曰惟
神秀鍾千巖靈氣萬壑帶江襟海育物福民朕甚
承神祐懋建元勳特遣專官用伸殷薦惟神鑒焉
康熙二十一年遣官戶部右侍郎李仙根致祭文
曰惟神挺秀千巖標奇萬壑襟江帶海鍾美儲祥
朕祇承神貺海宇蕩平特遣專官用伸殷薦惟神
鑒焉○宋崇寧間修廟王資深記曰自常德東南至
于海名山以數而會稽爲大禹會諸侯計功于
此而周官職方氏東南曰揚州其山鎮曰會稽則
會稽一方之鎮而永興公其神也神祠在山陰隋
開皇十五年置其廟下有禰洗而瀆之唐貞元九
年皇甫刺史建廟有孟簡文在碣之陰又得大中
祥符之年稍葺因著迪對後會稽縣令嚴下[illegible]
議諸靈祠刻四至以護侵盜廟廣四十五丈奠基
三丈五十丈門序堂序凡四十一楹景祐五年尋奎
密直學士蔣堂重建元祐五年龍圖閣待制蔡[illegible]

嘉泰會稽志　卷[illegible]　　祠[illegible]

重滌資深以崇寧四年孟夏到官棟折梁撓[illegible]
壽塵謀欲事事適秋九月詔天下祠祀悉葺修[illegible]
官錢五萬有進士諸葛愷願出錢五十萬諸葛[illegible]
又助十萬錢于是鳩工寸能貿材于良命會稽[illegible]
尉宋之珍董其事自十月七日至明年二月九日
成凡百二十有二日越十有二日乙丑知軍州事[illegible]
議郎充顯謨閣待制王資深知會稽縣事胡[illegible]
晏保拜謁告成因書于右元至大二年修廟碑文
原説周官職方氏辨九州之國東南曰揚州其山
鎮曰會稽鎮山各長其方貴莫與並而會稽實居
先亦告傳志所載南海神在北東西三神則祖之
上先王叙秩祭祀圖自有旨哉地主靜故物生焉
不息鎮山與地之厚而相其成功在人則方絲豈
仁風敦政本與民爭康而不知所利由是道也蓋
虞帝興符則望祀山川乘輿所經歲周四嶽雖事
者者方設教禮崇易簡然而道里遼廓涉歷寒暑
聖人之于民勞忌勤矣自起符備廢而望祭[illegible]
[illegible]

祈諸先農壇青壇之神君武壇壇燕京神壇壇
輿觀與設文昌祭新廠雩祭及厲壇東嶽壇臺
下所以存誠寶化乎格神明者其道隱而弗彰焉
由林川谷丘陵能出雲爲風雨者禮皆列諸百神
而況名山最勝冠鎮下土利澤周施其重並嶽
勳事定國禦災捍患者侔稽古盛際因鎮誠崔封
域之內分合世殊政教弗通神或廢祀聖元肇建
武戡亂略變讎衛生天人順應薦方臣服自昔專
書會同之盛未有窺其涯際者也文治修明宇宙
綏福則又懷柔百神示民禮秩益延景命惟東南
控帶江海疊岡峭嶺圭立屏峙莫可殫狀而會稽
山之秀萃無疇明靈所司又隋唐暨宋祝號祭式
公王次升大德己亥詔尊南鎮會稽山爲昭德順
應王與嶽瀆同祀使者歲將牲醑芳潔籩豆靜嘉
然而象儀弗嚴梁頹棟撓庭宇穢陋峰環薦室
不稱儀越十有一年爲至大己酉嘉議大夫[illegible]
兒赤來守茲土進謁祠下顧視悵然曰守臣責蓋
藩宣事神祀民均不欲厥事乃集羣議樂然響應

新之請于郡牒給緡錢二萬五千四百有奇[illegible]
號勸優賞相役環林文石梓輸輦致舊鄧競[illegible]
幹具興殿宇周阿前聳後蘇素以重門賀良[illegible]
齋廬靚深膳亭有新所邦人士女禱祀會匠照[illegible]
闥可觀可憩環山繞溪若有風馬雲車於鑾[illegible]
先是於越大鎮道壇相望薄征振廩蠲政存恤[illegible]
又埋瘞明年夏復旱臣及兒亦禱于神驛[illegible]
神亦矜民易以誠感後有事于廟經庚[illegible]
二十五有半凶發地得石其識深廣比素[illegible]
齋宮玉簡峯記以來大中祥符之二年現[illegible]
克弘厥規豈神之留宿告曉于人聞如此哉[illegible]
著昔常以玄旻氣至悃虔祀事道迎發育天[illegible]
報困時布令仁宥于春禮繼炳文歲功[illegible]
蕃息繼茲越土肇歸厥圖于今幾四十[illegible]
北道使皆爲式祇穡聖上纘承基緒申飭有[illegible]
嚴恭祀乍昭禮洽上以法天之運而元臣[illegible]
德協心迄底康乂東南庶倪陶承皇風[illegible]
生聚教訓期于億萬世江浙行書省平章[illegible]

豐閒等奏曰南鎮廟貌維麗宜有碑乞命儒臣[illegible]
實原爲文以昭來者制曰可臣謹再拜稽首颺言
帝德且宜神功爰勒銘詩與茲山無極其詩曰[illegible]
哉東南嶽山之數孰鎮茲土相其溫厚先民有六
山嶽配天體坤之載道合靜專峙茲會稽列嶽璆
向鬱葱禹穴敞虧秦望聳彼江海百谷是王禮隆
昭示嘉薦苾芳奕奕新廟塗塈丹臒瑤昏郎明闈
隘從廟物既和止神寔宴娭靈斿肸飭貢然來思
永其休嘉錫此南土豈惟南土九有伊祜惟皇繼
聖惟正弼諧神道大寧兆民允懷詩詠岡陵式揚
壽祉儒臣作銘贊于天子（元統石烈希元頌曰）王祭
四望嶽瀆山川至順建極憂民爲先上繩祖武欽
若昊天小心翼翼終日乾乾遣使代祀南鎮王前
惟神顧誠景況八埏雨暘時若禾稼盈田百物咸
熙六氣節宣小民作頌天子萬年（唐之淳詩）惟昔
作巨鎮此地壓荆揚計功自神禹望祀及秦皇焉
陵任厚坤欽吸半炎方昔聞周祀典近者自隋唐
器物及儀文制侔侯與王爵宮列象設錯落丹青

光煙鬟夾霧縠出入人鬼傍嶂聚金碧氣樹多靈
鳥翔冥冥象羣怪譪譪圖百祥飄飄紫蓋矗慄慄
朱絃張不知誰爲助意乃感愚麗山川回明靈在
德非馨香褻祠既彝明古典或可詳聽詞代巫祝
自天祈降康(戴冠次韻詩)封山表州鎮會稽曰繼
揚望秩本虞舜建祠乃開皇越地盡南游巍然峙
其方誰封永興公謬典始于唐宋亦承其訛加封
更稱王冠冕森巍峩煥然生景光宮庭繞其後廊
廡羅其旁棟宇如鳥革簷阿若翬翔人心自安誕
神不私降祥瞻拜日已久愚民轉譸張皇明正大
統欲民返淳龐百神自居歆至治成馨香妥號悉
釐正品秩雅且詳予孫永勿替再欲頌成康(鎮廟
田元泰定二年臨韓性記)九州之鎮國重祀也東
南之鎮曰會稽見于周官由漢以來咸謹祀事國
家一游內遣使降香幣金帛馳驛祗廟下一太宰
祝守土之吏奔走承事惟謹廟在會稽東南十餘
里無祝吏之守尚方所錫藏之郡帑積無所用壽
歷占甚金源王公克敬爲會稽守議買田以供廟

先用請于帥府從其請乃會計所藏得僦櫃贏貲餘金爲鋌者若干爲香奩者若干斤而賣之又得緡幣若干買旁近田一百七十畝有奇侯命列其畝步刻之石使後有考侯之慮遠哉南鎮國重祀廟之用度有司所當慮其最重者二焉古之祭祀預備以示嚴神倉所以供粢盛也牧所以備牲牲也祭祀之物具故臨時而不擾今南鎮歲事責成有司有司集事則以犧牲粢盛取具臨時有不能具則賦之民民以爲病一也漢祀嶽瀆始爲宮室若廟祀制後以爲常今會稽之廟壯嚴靚深明宮齋廬多至千礎歲歲脩繕勞民無已時委而不脩必至頹圯而擾民滋甚二也今侯買田于廟旁其租入中供祭祀以時脩繕至于香火之需祝史之養皆出其中非獨致力于神其爲斯民計審矣或謂一夫之田所入無幾用之不周猶之無益也是不然天下之事莫難于創始今侯倡之于前繼侯之理者頗增益之足用而後已敬其明神民不勞勸神所之相依有引弗替以稱國家崇明祀之意

此侯之所望于後來也

夏禹王廟在縣東南一十三里　正殿七間　東西兩廡各七間　中門三間　櫺星門三間　大門一間　宰牲房一所　窆石亭一座嘉靖三年知府南大吉脩二十年知府張明道重脩　禹書碑亭一座碑字嘉靖中季本守長沙從嶽麓書院摹歸知府張明道翻刻入石書奇古難辨　陵殿三間　石亭一間碑曰大禹陵　齋宿房一所　櫺星門三間俱知府南大吉建（按越絕書禹始也憂民救水到大越上茅山大會計更名茅山曰會稽及其王也巡守大越因病殂落葬會稽而司馬遷之自序亦曰上會稽探禹穴則禹穴之在會稽也信矣獨懸窆處不可億知近嘉

靖中始爲閩人鄭善夫所定在廟南可數十步蓋
如府南大吉信之遂立石刻大禹陵三字覆以亭
曰構室焉廟之建始于無餘祀禹之日至宋建隆
二年詔先代帝王陵寢令所屬州縣遣近戶守灑
其陵墓有隳毀者亦加脩葺四年詔給守冢禹陵
五戶長吏春秋奉祀明洪武三年遣官訪歷代帝
王陵寢令各行省臣同詣所在審視陵廟并其圖
以進浙江行省進大禹陵廟圖九年詔令百步之
內禁人樵採設陵戶二人有司督近陵人看守每
三年傳制遣道士齎香帛致祭凡遇登極遣官告
祭每歲祭則有司以春秋二仲月（明傳制祭文）洪
武三年昔者奉天明命相繼爲君代天理物撫育
黔黎彝倫攸敘井井繩繩至今承之生民多福思
不忘報特遣使齎捧香帛命有司詣陵致祭惟帝
英靈來歆來格尚饗（登極祭文）洪武四年皇帝遣
臣致祭于大禹夏后氏之陵曰朕者有元失馭天
下紛紜朕集衆平亂統一天下今已四年矣稽諸
古典自堯舜繼天立極列聖相傳爲烝民主者陵

各有在雖去古千百餘載時君當脩祀之朕典百神之祀故遣官齋牲醴奠祭脩陵君靈不昧尚惟歆饗（宣德元年）惟王丕崇王道寧濟生民偉勣顯謨光垂萬世予嗣承大統之初謹用祭告惟神昭格祐我邦家尚饗（正統元年）惟王奠安海宇致治之功民用永賴予嗣承大統祗嚴祭告用祈祐我家國永底隆平尚饗（景泰文同）天順元年惟王平治永土民物奠安功德之隆萬世永賴兹予復正大位祗嚴祀事用祈祐我家邦永底康乂尚饗（成化元年）惟王肇啓王業以家天下治水神功萬世賴焉兹予祗承天序式脩明祀用祈鑒祐垂福我邦家尚饗弘治正德嘉靖隆慶萬曆文同春秋祭文維王功加當時澤垂後世陵寢所在仰止益虔

國朝康熙七年遣鴻臚寺正卿周之柱致祭文曰自古歷代帝王繼天立極朕奉天承緒纘丕基躬親庶政明禋肇脩敬遣禮官代將牲帛用申殷薦惟神鑒焉康熙十五年遣左通政司李廷松致祭

祈
宋謝惠連祭文○洛聖繼天載誕英徽克明克哲
知章知微運此宏謨郵彼民憂身勞五嶽形捜九
州呱呱弗顧虔虔是欽物貴尺璧共重寸陰乃錫
元圭以告成功虞數既改夏德乃隆臨朝總政巡
國覲風淹留稽嶺乃殂行宮恭司令役敬屬龜
神息畧薦乃昭其忠宋之問謁禹廟詩夏王來四
載茲地發金符峻命終不易報功嗇敢踰先驅總
昌會後至伏靈誅玉帛空天下衣冠照海隅旋聞
厥黃屋便道出蒼梧林表祠轉茂山阿井詎枯舟
遷龍負壑田變鳥芸蕪舊物森如在天威肅未殊
元燮届瑤席玉女侍清都奕奕閭閻遂軒軒仗衛
趨氣清連曙海雲自洗春湖猿嘯有時荅禽言常
自呼靈歆異蒸糈至樂匪笙竽茅殿今不襲梅梁
古製無運逢日崇麗業盛荅昭蘇伊昔力云盡而
今功尚敷揆才非箭美精享愧生蒭郡職昧爲理
拜空寧自誣下車霰巳積攝事露行濡人隱冀多

祐曷難露薄軀（宋諸葛興大禹陵頌）瞻越山兮鏡
之東鬱喬木兮岑叢倚青霞兮空之石枕碧流兮寶
宮端巖冕兮穆穆列俎豆兮雍雍樹爲梁兮泝風
雨倏而來兮忽而去芝產殿兮聞見橘垂庭兮猶
古壁騰輝兮珪薦瑞書金簡兮緘石匱朝萬玉兮
可想探靈文兮何秘嗟洚水兮橫流民昏墊兮懸
憂運大智兮無事錫鴻範兮敘疇身勞兮五嶽迹
晝兮九州亶王心兮不矜迄四海兮歌謳猗聖宋
兮中興駐翠蹕兮稽城獨懷勤兮曠代粲奎文兮
日星揚旂兮拊鼓吳歈兮鄭舞奠桂酒兮蘭肴庶
幾髣髴兮非食卑宮之遺矩（林景熙謁禹廟詩）萬
國會朝會群山尚鬱盤巖祠鎖元璧故代守黄冠
空入雲根石梁歸雨氣寒年年送春事來拂蘚碑
看（鄭文原碑）偉得其詩曰浙河之東有山鬱巻鎮
于南土巍視崇崗昔帝會同圭璧斯皇翩其凰御
若帝陟方若彼橋山兮劍是藏緜時橫流潰潰懷
襄澡川静谷成賦定疆帝躬非惡兆民樂康鑄列
鼎象奠訓範坊力川九有道舒百王世嚴秋祀登

荐蕭蔣牧臣有惕饑祝禳荒乃堂乃構邃宇周變
吉蠲秋享雲旆龍亭繄帝貪育時厥雨暘物滋殖
癘歲詠茨梁黍稌曇圖儲慶發祥即山勒石德遠
彌光元紹興路修廟韓性記神禹之功與穹壤等
高大九州之民耕田宅土遂其生育百世猶一日
稱思報祀不能須臾忘也況陵廟之所在乎皇覽
曰禹塚在山陰會稽山上或疑夏都安邑視會稽
猶要荒也其信然邪夫會稽古揚州之域禹蹟所
奄而任土之所及不得與要荒比帝少康封庶子
於會稽以奉守禹之祀則是禹陵在會稽之明證
也因陵置廟不知所始酈道元曰會稽之山上有
禹塚其下為禹廟然則禹廟之在會稽舊矣今廟
據南鎮之左鏡湖之上宮室鉅麗山川環拱間失
修營剝至頹圮及至大辛亥太守孕兒赤公葺而
新之事具今國子祭酒鄧文原所為碑文泰定甲
子金原王公馬守謁廟下視其上漏旁濕梁梠間
朽慨然有修營之志會轉運判官董公淵按事會
稽捐金以佐其費邑人相勸分事竭作五閱月而

畢工厖甓櫛比材木完好髹彤黝堊各中程式父老讙石鼐下而俾悉記其成之歲月愚謂神禹之功百世猶一日修營其祠宇固出于民心然而領之祠官則亦有司責也自至大辛亥至于今十有四年耳已不能無待于修繕積十有四年之甓而至于百世之久廟屢修記屢成石之刻將無所容而父老欲記之勤也雖然斯役也有不可不記者人心思禹不能一日忘則葺其祠宇亦不可一日廢也使後之人見其廢壞輒修營之不以久近爲惡則室宇之鉅麗寢山川悠久可也王公以不擾爲政勞費不及于民役興于一時而足爲法于後世不可以勿記泰定乙丑孟春則畢工之歲月也邑人之任其責者凡十人并勒其姓名于碑陰詩曰天高地下人居其中以位以育神禹之功萬世之思九州攸同況此會稽有塚有宮惟帝陟降靈書下上一祀祠仁雖有古[illegible]

[illegible]

新祠有恍飛梁杳棼瘞璧亟圖翼翼乎淵姬試廟
祀之降與天無極剏新有時致此貞石庶之淳詩
昔在帝堯時洪水滔天流鯀功既不竟徵禹吾其
憂禹敷下土方乃至于南州維南有會稽玉帛朝
諸侯少康封庶子衣冠閟山丘遂令築祠宮俎豆
巖之幽云何末代下有穴肆探求明明太史公秉
筆欺吾儔豈知大聖人天地同去留厥言在洪範
箕子授成周衣裳食息際莫匪蒙靈庥皇皇古業
祠祀典明且修穸梁詭龍變亦足爲神羞（戴冠次
韻詩）鯀父殛羽山甚彼共工流豈敢仇帝誅但當
爲民憂疏導凡八年經營分九州一旦陟元后萬
國來諸侯執中授虞舜無間稱孔丘南巡至會稽
龍逝江波幽炎歸竟成讖方劍不可求元圭告虞
功萬世無與儔窆石隱古篆遺跡今尚留寢殿而
山阿墓木羅道周三年薦香帛皇明仰神庥國祚
綿無窮祀事亦孔修我來從郡吏紛拜陳芳羞（明
李東陽詩）江南禹穴奇天下司馬文章實似之顛
憶江山有神助瀟窓風雨坐題詩（鄭善夫詩）脫屣

行探禹穴靈、萬年鴻寶秘丹扃、梅梁空石空山裏、猶見虞廷舊典型、（周祚詩）禹廟千峯側、城南亂樹生、黃扉消水怪、白日走山精、滾滾江河下、遙遙碣石傾、龍蛇萬里外、群后仰垂成、（馬明衡詩）更王陵廟垂今古、野客孤懷萬里開、海上青氣迷玉帛、山空白日走風雷、清時喜見神龜出、絕代誰憐司馬才、欲訪藏書問何處、千峯雨色送高杯、（汪應軫詩）禹穴冥迷惟有廟、龍蛇古室空山開、玉筍沉沉深歲月、梅梁隱隱動雲雷、支祁不鎖千年足、魚鼈曾輿萬國哀、海色江聲作風雨、蒼梧歸客共吟盃、（陳霍宴集禹廟詩）十年相望路猶迷、一夜逢君鑑水西、花下長歌燈屢換、簾前話久月初低、稽山雨後晴雲出、禹廟春深碧艸齊、萬里爲官向巴峽、思家莫聽嶺猿啼、（徐渭詩）年來只讀景純書、此日登臨似啟予、犖罷桓碑猶豎卵、封完玉字不通魚、楊梅澍下人誰解、菌苔鬚巾氣所居、郎遣子長重到此不過探勝

立頃

附禹穴諸疑 唐杜甫詩 禹廟空山裏，秋風落日斜。荒庭垂橘柚，古屋畫龍蛇。雲氣生虛壁，江聲走白沙。早知乘四載，疏鑿控三巴。此蜀中禹廟詩也。韓愈送惠上人詩 常聞禹穴奇，東去窺甌閩。越俗不好古，流傳失其眞。季本詩 老攬何緣更遠遊，誰將龍蛻寄荒丘。揚州治水三江盡，方嶽觀民一歲週。登殿舟車窮越海，却煩玉帛會蠻甌。無餘孫子多王霸，空石遺蹤不足求。鄭善夫禹穴記 禹穴在會稽山陰，昔黃帝藏書處也。禹治水至稽山，得黃帝水經于穴中，按而行之，而後水土平，故曰禹穴。世莫詳其處，或曰即今陽明洞是也。又曰禹既平水土，會諸侯稽功于此，山尋崩，遂葬于會稽之陰，故山曰會稽，穴曰禹穴，至今空石尚存，或然也。後二千餘年而司馬遷氏來探書禹穴，歸而作史記，文章煥然，爲百代冠，說者謂是山川之助也。又後千餘年而晉安鄭善夫氏及山陰朱君節、王君琥氏來復探禹穴，尋黃帝藏書處，乃觀梅梁，摩挲空石，覩先聖王遺像，得禹穴于非井之上徘徊瞻眺想其甲宮而非食焉之胄然興懷又想其執中用智與皋夔稷禼之為臣又為之憮然自失也夫自禹跡以後三千年間遊者不知其幾茂而惟司馬氏顯此山川之能發為文章亦惟司馬氏夫三千年而僅得一人於山川顧止以文章顯何哉豈山川之能僅足以煥人文章耶世有不為文章者於山川何取也自昔至人見轉蓬而造車觀遊魚而造舟得河圖而成卦因洛書而作範咸取諸物也子在川上曰逝者如斯夫不舍晝夜余乃今知所取于山川矣禮登高而賦余未能賦姑記余言如此云

虞舜廟在縣東南一百里二十一都太平鄉舜山之陽　述異記會稽山有虞舜巡狩臺下有望陵祠　路史舜庶子七人封胡負遂盧蒲衛甄潘饒番傅郯息有胡母轅餘姚上虞濮陽餘虞西虞無錫巴陵衡山長沙皆其裔也圭胡等並國名見路史國

名記古者帝王封子弟多於蹤遠如有廟可知矣餘姚上虞始皆會稽地舜之庶子封此後裔守此而以舜名其山川井田以識不忘且表見其先德孫人情與（陸游詩）雲斷蒼梧竟不歸江邊古廟鎖朱扉山川不爲興亡改風月應憐感慨非孤枕有時驚曉夢斜風細雨答蓑衣千年回首消磨盡輸與漁舟送落暉（林景熙詩）聲斷蕭韶萬壑幽三千年事水空流寒衣銷落星辰古郊野麥寒鹿豕秋孝友風微惟故井神明胄冷尚荒丘九疑回首孤雲遠老淚斑斑楚竹愁

孟廟在縣東南二里羅漢橋南宋時孟子四十七世孫孟忠厚知紹興府事建廟臥龍山麓日久頹廢無存　順治十八年辛丑六十四世孫孟稱舜捨宅爲廟

皋陶廟在城東五都四啚皋埠村皋陶隨禹王爵巡卒於會稽墓葬廟東九龍港口學盈山

曹娥廟初屬上虞後改隸會稽在縣東九十二里

漢元嘉元年上虞長度尚爲石碑屬魏朗作碑文
久之未就時尚弟子邯鄲淳年二十聰明才贍而
未知名乃令作之揮筆輒就曰孝女者曹盱之女
也其先與周同祖末胄荒落爰茲適居盱能撫節
按歌婆娑樂神以漢安二年五月五日迎伍君逆
濤而上爲水所淹不得其屍時娥年十四號慕思
盱哀吟澤畔旬有七日遂投江死經五日抱父屍
出以漢安迄於元嘉元年青龍辛卯莫之有表度
尚設祭以誄之詞曰伊惟孝女曄曄之姿偏其反
而令色孔儀窈窕淑如巧笑倩兮宜其家室在洽
之陽大禮未施嗟喪慈父彼蒼伊何無父孰怙訴
神告哀赴江永號視死如歸是以眇然輕絕投入
沙泥翩翩孝女載沉載浮或在洲渚或在中流或
趨湍瀨或還波濤千夫失聲悼痛萬餘觀者填道
雲集路衢泣淚掩涕驚動國都是以哀姜哭市杞
崩城隅或有剋面引鏡剺耳用刀坐臺待水抱樹
而燒於戲孝女德茂此儔何者大國防禮自修豈
況庶賤路屋艸茅不扶自直不鏤而雕越梁過宋

也之有殊哀此貞麗千載不渝於乎哀哉辭曰銘
勒金石質之乾坤歲數歷祀立廟起墳光于后土
顯昭夫人生賤死貴利之義門何悵華落飄零蚤
分葩艷窈窕永世配神若堯二女爲湘夫人自效
髣髴以昭後昆朗至尚以示之朗大嘆服蔡邕聞
之來觀值夜以手摸其文而讀之題曰黃絹幼婦
外孫虀臼又曰三百年後碑當墮欲墮不墮遇王
匡後魏武帝見之謂楊修曰解否曰已解曰卿未
可言待我思之行三十里而驗乃令修解之修曰
黃絹色絲也幼婦少女也外孫女之子也虀臼受
辛也蓋冋絕妙好辭曰吾亦意此但有智無智較
三十里碑有王右軍所書小字新定吳茂先嘗刻
於廟中後爲好事者持去宋熙寧十年著在祀典
大觀四年封靈孝夫人政和五年高麗人來貢借
潮而應加封昭順熙寧中皇子魏王判明州亦借
潮而應淳祐六年復加封純懿且封其父爲和應
侯母爲慶善夫人墓在廟旁其上雙檜甚古其前
有亭扁之曰雙檜後毀於風嘉定十七年郡守汪

綱復建亭于舊址疊石廟前爲堤七十丈并建娥父曹府君及朱娥祠堂娥亦上虞人十歲救祖母被傷所殺立廟俗呼爲救婆廟建熙十年會稽令董楷以娥配享曹娥明初山陰人諸娥年八歲白父寃詣闕臥釘板創重而殞巡撫劉以娥同朱娥配享曹娥廟知府南大吉會修廟之以紹興合郡歷代列女設位於東西兩廡以時從祀王十朋詩

慟哭無尋處投江竟得屍風高列女傳名重外孫碑荒神沒孤塚洪濤舂古祠懷沙爲誰死翻愧是男兒（韓性歌）承基橈兮桂舟弭靈旗兮中流望四山兮何所抉朝陽兮上浮玉笄兮瓔珮馭青蛇兮雲之外采杜若兮江皋芳菲菲兮未沬渾不極兮海門錢夕景兮江瀉吹參差兮屢舞馳玉軑兮續紛雷塡塡兮擗鼓檜陰陰兮靈雨波淑淑兮安流神樂康兮終古（元楊維禎辭）曰昔湘纍之徇國兮甘以死而傷生身雖殞而心不懲兮同楚楚爲國殤夫何娥之耿軀兮亦前修之允蹈彼總死以爲貞兮茲捐軀以爲孝維娥之烈烈兮曾稚年之未

節當伍父之舊淵兮習婆娑以戲陽侯忽其不佫兮哀淪波之墊溺娥泝哽以哀鳴兮旬七日而罔食扣龍之宮不得其屍兮化精衛而莫爲力儼鬼奐於前淵兮奮輕身於躡擲於乎惟信足以發肥兮剛如只即志誠足以開金石兮孝足以動乎天地風濤號之折裂兮蛟鼉爲之四奔抱父屍以即此兮儼廟貌之猶存譟江頭之長老兮泣抓舟之過客拘遺骸以致告兮異龜生之刻木嬪完父於傷魄兮娟代父於酷漸緹縈氏之上言兮除肉刑於特恩日予中人之可企兮匪拔俗而絕倫嘆娥之爲教兮習絺葛以爲紅竝師傳之鳳詔兮諭烈女士潔鄉惟純誠之天此兮奮自代而御立宜廟貌加和存兮表與阯於江邑追元嘉之元祀兮得賢長於八風屬邯鄲以秉筆兮樹穹石於龜趺追古雅以述作兮比西京以莫踰探石陰之旌語兮信贊美其非譽夫何後宗人之孟德兮過靈祠以駐馬摩道旁之殘碑兮感外孫與幼婦三十里之較智兮曾何足以爲臨眛綱常之大節兮潔長垂

之慶辭彼小兒之甌犢兮又何尤於德祖酌大江
以爲酒兮覽江化以爲䑋兮蘭英英之孝娥兮及皇
皇之聰甫彼王將其可奪兮勁吾衷其莫禦願激
清流兮東江兮洗遺污於鄰土嗚呼銅雀槧鹿兮
西陵孤骨耿孝魂之長存兮照江月於千古（于鑰
文詩）地以曹娥號名應萬古聞魂浮滄海月愁結
墓山雲風檜號荒塚陰苔蝕篆文子親恩莫報淹
淚拜夫人（翁逢龍詩）再拜靈娥廟魂清若可招幡
風吹古渡帆月落殘潮碑有行人讀香多遠客燒
迎神儺朝出時聽起雲霄（又）何朝無朽骨此地尚
清陰塚上獨根樹江邊孤女心化錢燒石爍落葉
積泥深長有英靈在風平烟浪沉（僧元昉詩）祠古
孝感遥悲風想慕號月魂迷艸色血淚濺江濤斷
碣維黄絹孤墳掩綠蒿千年暗潮水亦以姓爲曹
（胡楷詩）畫識曹娥孝當知度尚賢廟庭增舊築文
字已新鐫朱范誠宜配王樓許共傳江山送行客
鬢髮定依然（明唐之淳詩）熒熒冶中金皦皦匣内
[illegible]然不韻而自藁變曹盱女年纔十

四春卅也性善泅拔歌而樂神一朝溺不出女負
泣蒼旻陽侯不我仁魂去屍長湮求之旬七日自
下從其親如彼蛩蛩獸負之而自臻孝誠貫金石
縱炎志及申鄉人嘆且異奔走集其墳滔滔江水
傍塚樹上干雲漉掃禮不缺千秋同一晨緬懷河
女章歌以侑精禋〔戴冠次灘詩〕曹家有孝女愛若
掌上珍終日在閨房羅衣常自薰一朝聞父溺蹙
頡雙蛾春緣江走旬餘痛哭傷精神湧身入深淵
英魂徹秋旻江以曹娥名江塞名不湮愧彼儒者
流紛紛負君親愛此窮質女不學理自臻廟食孝
巳旌身炎情巳申我來慕忠孝牌祀拜孤墳抵祠
巳向夕落日沉寒雲持燭愛古碑夜讀不俟晨更
愛小朱娥垂髫配明禋〔鄭善夫詩〕東關東偏曹娥
碑今古流傳絕妙詞洪濤駭浪翻滄海要識人間
孝女祠〔楊基詩〕孝娥有廟臨江側我一登臨倍感
傷舊卷尚存唐翰墨斷碑猶刻漢文章即移檜影
當階落風捲濤聲入座凉黄絹只今遺古蹟令人
翻憶蔡中郎〔王稺登詩〕會稽逢夏至朝日散群峯

問路有千里渡江非一重空山祠粉黛荒塚埜芙蓉寂寞無人問尋碑憶蔡邕〔徐渭詩〕曹娥十四歲長江神去迢迢萬里長精衛至今仇渤澥子胥豈只怒錢塘一江魚鼈浮屍出入尺龟蠵卧絹黄總爲金釵收正氣可憐梟獍繞爺娘〔傳寶詩〕昔讀邯鄲碑次識中郎篆但聞孝女名不見孝女面今來瞻廟貌芳規肅庭院我心欽女容彷彿波中見山光歛黛眉汀聲走飛電江山有日改孝心何時變父塚艸常青娥名千古美及今滄海上月明淚如霰〔楊鶴哭娥詩〕小引余行部越中見忠臣孝子遺廟未嘗不低徊久之或遂欲歔欷流涕輿哀嘘唏之際亦不自知其所以然也戛石發山陰半日抵曹娥江肅衣冠入謁娥廟再瞻荒墳勺水之奠未成從者門視几筵樹楠殆不勝情問廟中道士香火何狀廟貌有何宜事修葺道士具以寔對辭覽將發爲題數語付之捐二千錢佐費舟中爲哭娥詩一章首以不脩禮故用自懺悔狭[illegible]公毁滄桐推[illegible]烏乎大伯季九佰貝四廟不廢忠孝之在人心未

百年如一日也余在武林令人修于忠肅公廟[illegible]
之與哭孝娥同意但使人人皆爲忠臣孝子吾[illegible]
快矣嗚呼江流有聲孝娥之魂綽約女神心肝以[illegible]
鐵千呼萬叫一往引決前抱父頸娥腸寸裂江神
不仁作兒女孽我來哭娥殘碑斷碣如聞隴相鳴
嗚咽咽木怨風號廻濤捲雪忠臣孝名萬古不滅
豈有七尺之男兒不如十四之女節詩阿嬌輕擊
命鰲背恣橫行魑魅愁相顧魚龍竄亦驚蕩舟非
蔡女妖李勝緹縈鬼母啾啾夜江天帶血聲又殷
厖生芳州江花冷白蘋眼看蝕穴女羞殺浣沙人
魚服留青塚蛾眉寄水濱莫令巾幗辱空作丈夫
身○再建于東郭門內董念陛對緹縈伏闕君[illegible]
可追争似逆流以呼漢[illegible]千今乘宇宙重華涉
片父命難違孰若蹈衣而沒虞淵從此靖波濤一

旌忠廟在縣南三里宋越州守臣傅崧卿建以表唐琦者琦開封人宋衛士也
建炎四年金兵破杭入越守臣李鄴以城降金帥
兀朮遣其將琶八與鄴同鎮越時康王至明州琦

不得從會金將與鄭㴀騎出埼乃懷巨磚欲邀擊之復疑從騎衆恐不克顧視道旁有小閣力趣其上俯見二人馬即奮磚擊之不中從騎群至遂執以歸金將詰之埼大罵曰吾欲碎汝腦作趙官家鬼金將曰金兵數百萬汝殺我二人何益曰汝敢來爲此州王故欲殺汝又顧鄭曰我請官一不五斗米尚不肯負汝受國恩何如所爲乃爾豈人類耶金將令對去害之及金兵退崧卿來爲會稽帥乃爲廟祀之且以其事聞請賜廟額未報會崧卿以疾請去郡郡移婺州乃爲文祭之後帥陳汝錫再請詔賜額曰旌忠隆興間帥吳芾增修之元至正十六年推官貢師泰重修（夏泰亨記）明令有司春秋致祭天順七年知府彭誼重修（韓陽記）傳崧卿祭文（王十朋）詩國家往往歎鄭中縉紳節義掃地空埼康有一忠懲公建炎獨有尉侯忠肝溪爵危何曾避身吊行伍傳罵熊熊平生經史還未通嚴霜烈日蘊在衷憤然一奮不顧身太尉擲笏嗟勿如子房鐵椎計已窮張[illegible]

罵木終忠血義肉塗地紅烈氣英魂薄蒼穹事聳
動野聞帝聰立廟旌忠浙江東雖與雙廟同高風
名書青史等岱嵩當時開門
誰納[illegible]遺臭千古如蝡蟲

錢王廟在縣南　唐長興三年吳越王錢鏐薨後二
年嗣王元瓘建廟於越基甚閎壯歲久
傾圮宋末僅餘四楹元鞠爲蓬藟明嘉靖十六年
知府湯紹恩重建左右樹坊匾日七朝忠孝日三
世勳名丙祀忠武肅王錢鏐文穆王元瓘忠獻王佐
忠遜王倧忠懿王俶　唐丞相皮光業銘　巍高嶙峋
是生哲人天生獅子澤出麒麟豕冠衆裘文武經
綸廣運將新大盜斯起紫盖蒙塵黃巾多壘既徼
憲章又裂文軌武肅英王提劍東方龍行雲雨虎
變文章洗滌星紀整頓天常告功彤庭圖形麟閣
三道犀璧八朝鳳幄丹象家門錦衣城郭六瑞緣
章三品鑄符尚父四履尚書萬樞峗峨高壽驍赫
霸圖我王奉天爲時而出國士無雙鳳華第一削
樹平成夢木授鉞功既捷世德又動天襲對二冊

嗣位三年忠懿獻孝絕雕鎸朱琥墨纏乃建清
廟臥龍之東會稽之要塵界迴廊粉明周繚廣殿
露開重門巘峭瑞玉禮容香櫃聖容民之祀王我
之神宗然蕭條肆賁幣輪琮於穆祠宮燠爲陰府
五齊恒馨六佾肅舞飾薦房烝歌踏露鼓合子籥
孫先今顯古明唐之序詩錢氏在唐季遵養知顯
晦念昔龍虎爭王當風雲會八都如指掌千里入
封內據雖不得所厥志亦閎大有國六十秋綿延
更五代及平周鼎移卷甲事朝對來塗未款側後
世蒙承賴此邦有遺廟堂隣日微隘巍巍王者服
嗣王儼相配神明縹緲間故老多再拜蒼松久無
憑柯葉日夜壞及暮風肴然雉闞竟焉在戴冠次
顏甚哉天人際斯理孰微晦英豪崢嶸生各各有
殘令黑髡盜販徒爛起王侯乃東西跨千里封疆
　亦已大鐵券恕九死蠱冊傳四代襲封凡五朝
恩榮無與對骨相應天象孰云少無賴開王舊有
祠奉禮寬不隘祀事久已缺昭穆容柵壁所喜興
逆節我見當再拜今爲孫繼歸七像亦如衆不妒

虞將軍、廟、親鎮長在、〔王琊登詩〕王帶龍衣親宛絲
太門碧殿越衝邊、行人下馬看碑字、高揶藏鳴沸
廟牆、禾黍故都州十四、波濤殘岸勢三
千、傷心一片崖山地、月色潮聲更可憐、

馬太守廟〔在縣南三里〕太守名臻字叔荐築鏡湖
遺利於越唐開元中刺史
張楚嘆其功利及民、之久始立祠湖旁元和九年
觀察使孟簡復恢大之〔諸葛興頌〕書昇姚兮力備
溢民冀粘兮勤儀稽降嬴劉兮言利嘉鄴渠兮夸
鄭國慨元光兮瓠子決彼鄙封兮河之北卓一言
兮貽時害誠夫事兮非人才昔越守兮得賢慮久
遠兮爲民蓄鏡一湖兮陂萬頃備瀦泄兮歲有秋
寧殺身兮利人卽洙泗兮稱仁嗟後來兮私巳田
吾湖兮寖湮湖之復兮疇繼侯之心兮萬世酌清
流兮擷蘭芷奉明薦兮非昵祀〔王十朋詩〕會稽疏
鑿自東都太守功從禹後無能使越人懷舊德至
今廟食賀家湖〔徐天祐詩〕瀍湖昔在鏡中行總是
當時舂揷成莫討靈祠荒蘚合烟波萬頃巳春耕

孔府君廟在縣南二十五里世傳孔愉少有嘉遯意嘗獨寢高歌遊歷名山自稱孔郎鄉人謂其有道爲之立祠靈

陳朝公主廟在縣東八十五里

嚴司徒廟在縣東三十五里陶家堰相傳云漢司徒助也

典善將軍廟在縣東四十里白塔吳越忠懿王建

鄭太尉廟在縣東南一十五里樵風徑華鎮詩并序鄭相起樵風用邵守第五倫薦致位三公與倫並列可謂盛矣祠宇之下至今猶有風朝南暮北○鳴玉鏘金漢上公當年榮與舊君祠故山廟食千秋後來猶乘旦暮風

翁耳潭龍王廟在縣東北一十里

防風廟在縣東北二十里馬山相傳禹戮防風氏於會稽其後越築城得專車之骨徙葬于此按史記越至會稽得骨節專車吳使使問仲尼骨何者最大仲尼曰禹致群神于會稽防風氏後至禹戮之其節專車此爲最大矣

樊將軍廟在縣東三十里

青山廟在青山下舊名伏虎大王廟今遷攢宫神路側

顯應廟在攢宫李本記按祭法法施于民則祀之以死勤事則祀之以勞定國則祀之能禦大災捍大患則祀之非是族也不在祀典祀典不載謂之淫祠然山谷偶夫食貧守正後巳急人義孚鄉里雖名姓不登于史册行能不表于有司而生爲善士死爲名神民有所禱無不響應此其平生正氣凛凛如存而鄉人追思安能不歲時崇祀耶況後世鄉社禮廢鄉先生無復有没而

配祭者則其不壇而廟由義起之禮哉先王以此教民敬畏亦必順其俗而不拂其情矣會稽上亭鄉上許里爲攢宮攢宮之西踰泰寧橋爲湯瓶山舊有郭太尉廟予祖世家攢宮少時族里中故老猶有存者嘗詢得其由矣公諱紹以行稱紹一父顯本山陰牛頭山人贅攢宮包翁之女生公及震而包無後遂以震承包宗震子夏是爲包夏公亦無子復以夏爲公嗣後亦尋絕公生于元至元六年四月八日卒于永樂二年之七月二十七日享年六十初葬宋陵宮基之側後以地在禁內遷於今所即公所居包氏舊址也公性質直有義氣鄉閭有危急事以身先之不求其報家貧以樵爲生毫髮不苟取每至深山窮谷穿虎豹之群了無恐怖或徧歷二十四岡時憩息焉飄夢與神會既覺質所見聞無不符合及卒常依人言禍福歷歷皆有明徵鄉人異之故水旱疾疫必致禱焉禱即有應正統間鄧茂七之反汎也浙帥蕭華領杭越諸郡兵從往征討師次山獠猖獗不絕公至自言報効

日沙供渺軍無告淵問其名則曰我攢宫郭紹一云也及事平歸詢始知爲神蕭乃移檄紹興欲爲奏請加封之事不果行民間聞之則皆喧傳公已勅封矣爭先踴躍立廟而太尉者古掌兵之職也神具有威靈因尊稱爲郭太尉云然太尉尊官自秦漢及元皆列于三公非庶人所得僭稱者是矯假以爲勅封乎以故杜茲土者率指爲淫祠欲按狄梁公故事時則或假夢以曜靈或驅虎以驚衆父老具言其神異廟因得不毀嘉靖丙午之冬士人欲新公廟而余適至謂勅封太尉之稱于禮非宜乃議易爲佑民顯應之廟鄉人士相率請卜于公公告之吉可以見其心之安於正矣夫公一鄉之善士也禦災捍患之功雖未能及天下而一鄉蒙患賴公捍禦寔多宜鄉人之不忘報祀也況其神未盡則其廟宜存此理之不可誣也故余備述公之行實與夫立廟之由而繫之辭曰會稽之東爰有攢宫靈氣所種寔生郭公郭公之生其心正直朝樵暮歸惟以食力義先人急不私其身人亦有

言恒者爲神凡民所憂水旱疾疫有禱于神立昭禍福或顯於迹或降于言厥靈孔應民以弗諼祭則萃人廟則依基雖無子孫庶幾茂永思

徐相公廟 在縣學西 弘治中有老人自禹廟歸言遇神事甚異知縣陳堯弼爲立碑于廟而神少時嘗役于獄獄亦祀神其後徐涓被繫復爲文以碑之碑曰神姓徐名龍佛世鳳陽人宋端平三年三月十三日生當父官會稽學時嘗從道上拾鷄卵䑛之得白鷄以鬬莫有敵者父母憎其俠遂去家爲縣獄長未幾改行讀書歸事其父母以孝聞段而爲神至勳人王咸淳二年詔封神白衣頂聖神越人爭奉之天順成化間再新其居於故所稱學西鬬鷄場所至弘治初乃有施潤王世威事潤曰我嘗夜乘膠舟度水鬼火熒熒忽失楫我迷怖號神忽聞空鷄鳴遂獲楫以歸世威曰我爲老人隨祭廟額夜歸忽一白衣告虎至已而果有虎至我懼不能號顧白衣叱虎虎去異哉

以歸及別問爲誰曰老父會稽學西徐姓者也於是衆益趨信始請鄉先生陸建寧記於石而獄有象以祠神神之迹顧漫不知也其繫之六年始刪定建寧記復碑于北而舉其義曰今世之祠神者固以神神也至問其所以神神者何則徒知曰不神豈獲封于人王又安能拔二男子於鬼窟虎口中以予按建寧記神之得爲神與其得封直云相傳耳而男子事亦僅出其口有無不足據又烏足以證神之神不神哉獨鬬鷄有塲則眞非無據者鬬鷄而出于卵腋卵腋而直從道上無故獲之此則眞神者事耳意當其時用傳用獄以自擲弄必有詫呼東縱于圜塲中絕奇特異其禍福善淫可以動天而宰幽者端平咸淳終神之世僅三十年正南渡兵時宜典籍之不備也今獄既祠神即不倫不宜絕無所識即識又不宜以無據者充也故予取于神卵而腋且拾者以存信爲作歌曰卵卵兮伏兮雌所職兮拾且腋兮傑代羽以翼兮孰思其故而能得兮愽愊愊兮戰靡北兮舍愽而徒掌祟

纏兮生俠而雄殁而不可測兮遶圖者棘兮彼稷稷兮儔譽而宛儔愿宜殛兮

金家廟在府學東里人祀之為里社

古嶽廟在平水東晉義熙元年賜額

新嶽廟在縣東三里長春觀之左順治[illegible]年里人歛貲建用山陰嶽廟在江橋右會稽舊嶽廟在平水以不便祈賽故新建于此

火神廟在縣東城隍之左開元寺之後內有五侯祠以祀會稽令羅侯侯翁侯戴侯趙侯彭侯者

白馬廟在西府坊白馬山下內關帝祠有像謂一騎白馬小如[illegible]從此彪騰林外長紫髯鬣欲嚭頓令尸祝廟中祀

古玉泉菴在縣東三十里菴基舊跡變成園畦今遷而之高內有一井其水清冽而不滓甘美而不汚故取名玉泉

永貞菴在縣東三十一保昌源堡菴內有虞姬廟列二門聯左曰今尚祀虞漢代已傾高后廟右曰斯負覇越西施懸上范家船又至閘橋建一石亭亦祀虞姬

龍池菴在縣東遶門山自山下至山頂計三里至菴龍池四圍皆方砌之以石有金魚數百頭棹尾舒鬐旁種荷花芬香不散每遇天旱居民輒爲祈禱立降霖雨

梅花古佛菴在旗纛廟內僧人亮微鍵關靜脩於此誠心皈依宗風克振

見龍菴在縣北三十里係吳融村土穀祠吳融係唐朝名相因贅居此村有賢德卽以吳融名土穀神劉府君靈顯正氣保障居民順治戊子年間土寇猖獗

賊首率數千人欲札駐此地禱於神筊卽竪立不合賊遂暫棲遂拔寨去至扈家弛被鎮兵勦戮無遺并居民亦遭殃禍獨異驪一村保全咸以爲靈顯之念云

崇鏡院在城東十五里由望仙橋而進院中溪水澄碧萬竹參天面對獅山峯巒聳翠有一小樓階下碧桃花盛開濯濯仙姿窈窕似雪嬌娜可愛後爲遊人所折止剩數枝雖春風駘蕩山鳥嚶鳴而由今過昔感慨係之

三橋菴在稽山門外高家埠頭

容明菴在乳山

曹谿法藏樓在曹山邑人金烜詩峭壁層巒不可攀依稀巖壑畫圖開登樓極目[illegible]外眞宅曹山當乳山又一泓流水淨無塵二十[illegible]歸風有因此日虎頭重會合今生應是再來人

江東廟在西府坊白馬山之麓神姓石名固秦時贛人立廟贛江之東漢陳嬰討南越神以捷報此廟祀之始宋賜額曰廣濟廟有碑記

張神廟神姓張行六五宋浙運官也有捍海滅倭功其初廟在蕭山之長山今城鄉所建甚多在山陰江橋者最顯應因衢當南門兩縣來水之衝爲郡城水口壅塞則多火災康熙十一年里中紳士吏爲開關又有廟在陡亹閘上春秋崇祀三月六日誕辰邑令必躬行致祭鄉人競爲龍舟賽神後殿三楹崇奉神父嘉靖間總制胡宗憲撰文立石

金龍四大王廟在東府坊廟中並塑靈應大帝府城隍二神因運官與京商相爭易建於朝東坊曰水神廟

馮念八相公廟在縣東三里許廣寧橋下亦海神也

穆四相公廟在縣南三里許旌忠廟之東

龍池廟在龍池嶺祈雨輒應

朱家廟在太平鄉全節里

虞姬廟在平水倪文正聯今尚祠虞漢代紀遷高后廟斯真霸越西施慙上范家舡

祠

湯太守祠在開元寺內祀知府湯紹恩

賀監祠在鏡湖上唐秘監賀知章祠也宋王十朋詩賀老祠堂枕鑑湖霓裳羽化宅荒蕪更無人問君王

朱文公祠在五雲門內卽五雲書院諸名宦舊遺祀于此後從學官改五雲爲雲衢書院專祀朱夫子萬曆末年屋漸圮天啟閒知縣陳國器重脩今止存額屋三間而朱夫子像仍在世敎衰而理學廢有志斯道者當以脩復茲祠爲亟務矣

尹和靖先生祠在栖子橋下古小學內善法寺廢址嘉靖間知府洪珠改建先生洛人因其壻邢純於紹興後差石帆山麓垂四百年太守莆田洪珠始作祠像仍先生語題其堂齋祠至今存劉宗周嘗率門人講學於此有重脩古小學記○越郡之有古小學也昉自前太守洪西溪公珠以祀寓賢宋大儒尹和靖先生云先是嘉靖中有詔許天下各建社學公遂毀郡中淫祠卽其址建學大集士子弦誦其中而重師模於和靖遵時亦憲古也其制前爲臺門進之卽和靖先生享堂左一楹曰義路右一楹曰禮門分二門而入爲養正堂爲游藝所左右各

列號房緯以周垣仍餘隙地落成者嘉靖九年庚寅都御史姚公鏌爲之記讀其辭想見一時風規之盛歷隆萬以來師徒罕聚學舍盡圮尹先生遺像退移之游藝所敗櫨且爲風雨所剝落其隙地亦多分割之居民不可問矣天啟甲子宗周言之前督撫王公遂下檄山陰令馬公鼎新之無何逆璫魏忠賢亂政詔毁天下書院禁師徒之講學者工未半而告寢迨今上御極四年辛未郡諸生復具狀當事太守黃公欣然任之諸大夫後先在事咸有同心暨前學政劉公今令君汪公會稽周公厚賜終次第建堂廡如舊制距今歲庚辰通計前後十七載而告成事蓋戛戛乎其難哉於是吾儕士大夫曁二三子矜歲時有聚講地然已不逮西淙時遠甚宗周退而有感焉夫世道之升降則學術之古今係之矣古人之學先王所爲陳之庠序學校之間者何爲也哉學以至乎聖人之道也小學以始之大學以終之其序也有要焉其爲道一

蓋從曲禮曰毋不敬卽小學之心法也而大學則

惓惓於愼獨云故曰敬者聖學始終之要善學者終身於小學而已矣自小學之教不明於後世而本心先壞言大學者一變爲辭章聲利即今家塾之地父兄師友之所詔告不過曰讀書取科第耳傳金紫耀妻孥耳如是者累而進之而其爲世道之淪喪可知也當是時人欲肆而天理滅邪說昌而暴行興方且以講學爲迂濶爲僞首甚則厲禁於朝廷禍亂相尋千古一轍曷足怪哉尹先生學聖人之學故其言主敬尤得古人心法推之出處去就之際風義凜然學者推程氏正宗晚而幸以桑梓惠吾越越之人始與聞乎大道之要自此名世大儒有相望而起者然古學之不能不降而今也滔滔之勢所在而是矣吾欲正告之以聖賢之學而不悟請從小學始學爲洒掃應對進退之節焉亦曰敬而已夫聖人之道又何以加於此而區區辭章聲利是問乎三王之祭川也先河而後海知始焉故也越於先生亦河也視之小學訓小學將以明大學也學古之學契聖之眞以挽回今日

之世道抑亦吾黨小子之責也役既竣宗周之記屬友人石梁陶子而陶子即世因代爲記其始卒如此王公諱洽山東人劉公諱麟長福建人黃公諱炯河南人馬公諱如蛟和州人汪公諱元兆婺源人周公諱燦吳江人其他與襄厥事皆見別狀先生舊像仍處遊藝祠以西蒞公而新設木主於享堂從太學制也附從祀論吾越固不乏理學之儒祀饗宗者惟是小學之制尤稱特典有專祀則有從祀並得視大學乃小學以尹先生爲宗則生於先生之前者法不得與矣其生於先生之後者惟陽明先生爲再起儒宗崇奉已有專祠自此學者多言王氏學其著者從祀王祠自王氏以前四百年間最著者凡得四先生石先生塾羽翼斯文參講大儒之席俞先生衎發明理學進窺中庸之旨韓先生性當元世而隱遯不仕頗得出處之正潘先生府際治朝而昌明倫紀永垂希治之極皆不愧尹先生門墻卓卓乎百世之師也哉然四百年間而哀舉僅四先生法甚嚴矣尚俟後之君子

詳加論定而續補焉崇禎庚辰二月劉宗周再訂
論○後會爲劉宗周講堂懸證人書院扁額其三
會新構者衆及門張應鰲等即供先生周之位在
內每月初三仍聚講學弟子歌伐木之詩禮儀端
肅有關
世道

雙義祠　舊在各官祠側歲久而圮嘉靖間知縣張
鑑改建于黌宮　長州文徵
明記　嘉靖二十六年丁未十月會稽雙義祠成祀
宋義士唐公珏林公德暘也宋社既屋蒙古氏有
中國首毀故宮爲寺而宋諸陵之在會稽者悉發
之以剪王氣姦僧楊璉真珈寔倡率之珠襦玉柙
悉爲攫取而投骨榛莽極其慘毒璉方貴橫莫敢
旁睨二公先後以他骨竄易而瘞之植冬青以志
賦詩激烈不勝遺黍悲慨之感未幾茂璉梟遺骸雜
枯骼築爲鎮南浮圖謂可摧滅無遺而不知雅非
蛻玉矣二公舉事之時履危探險艱阻百出而卒
底于成其志亦烈矣顧正史不傳而其事雜出于

元儒紀事之書其言不皆同而皆有所徵要爲不誣也夫千載河清慶典有時開國之君往往以封植陵墓爲首事而元之君臣乃首發諸陵以事厭勝于是乎有以知元祚之不永也或謂此皆姦僧之爲而非元君之意按世祖以丙子下江南丁丑二月即詔璉爲江南總攝尋命以所發宋陵金寶修天衣寺又以寧宗攢宫故地爲泰寧寺其後以臺臣言其盜用官物及流毒江南請正典刑而世祖竟赦不殺雖嘗沒入土田家口尋給還之其委曲蔽覆益可見矣姦僧毒害固無足言獨怪當時輔佐諸臣多一時名碩亦有前宋遺老曾無一人興懷而奮身抗義乃出于布衣韋帶之士其事有足慨者且其時宋已滅亡時移運改二公者豈復有所覬乎論者謂其無所爲而爲高義卓行比隆豫讓大讓嘗受智伯國士之知以國士報之宜矣二公在宋曾不沾一命之榮而慷慨從事至于變服爲丐鬻家具以需間關羈逆以圖厥功其難易厚薄君子蓋能辨之矣譬之燕史漢唐易世之後

其陵寢亦多毀發不知當是時亦有高義之士反暴槥而掩之如二公者乎即有其人而不見紀載則夫二公之義謂之前無古人可也抑于是有以知宋養士之厚而獲報之無已也縣故有祠在名宦祠之左歲久且敝南充張君鑑以甲辰進士來知縣事考縣志得二公之事謂公所爲得名宜以陵寢之故陵傷故多隙地依陵植祠于事爲宜歲時有事六陵以次及公祠與陵相爲終始亦庶幾二公之志也于是言于郡守吳江沈公啓公亟俞其請相與成之以書屬徵明記其事爲論次如此

劉公祠在杏花寺側嘉靖間知縣唐時舉建以祀五忠劉公者按宋史劉領謚忠簡孫純謚忠烈從孫韐謚忠顯韐子子羽謚忠定子羽子珙謚忠肅當方臘之亂韐守會稽有捍禦功舊有祠而圮其後裔有爲山陰幕者因家于越故合五忠祠祀之

景賢祠萬曆二年郡人建於禹蹟寺之西林以祠長沙知府季本（張元忭碑記）先生蚤聞新

建致良知之旨既浸溢懼後之學者日流而入于虛也乃欲身挽其弊著書數百萬言大都精考索務寔踐以究新建未發之緒四方之士從之遊者數百人自筮仕至老且華無一日不孳孳問學者亦且數十年此其卓然以繼絕學覺來者爲已任而處心制行光明怡坦孝友忠信蓋十諸鬼神鬼神許之質諸兒童兒童信之者矣間有稍疑之者謂先生當長沙時以嚴以涅爲人所彈詆罷罷而還居禪林著禮書將有所迎而希也嗟乎是烏知先生哉先生先人秉憲爲大夫家世祿先生知長沙爲大府罷歸者不兩絕身然幾不能殮骨且未寒而三子已寄舍於他人涅者固如是乎火烈民望而畏之故鮮然萑苻之盡殺子太叔之不猛也茅根芽植臬不治何病於嚴栽而況先生之或過於嚴也又其壯年養稍未粹之時乎當長沙之觀兵常觭者以書畀先生先生疑其蔦已也懷之不發及罷啟書果然始推官建寧會寧藩變先生提兵壁分水關監軍以鄉試役檄府長及先生先生

豫書兼翰林長余璣守再三拒院檄勿往郎得罪我
竄著爲御史得請則以慈壽太后及肅皇帝兩宮
疏批疏辯郎茲三事其所志不在榮進也亦明矣
拂之于顯然之章奏而顧迎且希于不可必達之
故紙迎且希者固如是乎先生之學與行仕與處
其懿美不可殫舉其大約爲人所疑與信則如此
噫一疑之一信之彼從其疑我從其信亦足稱賢
矣乃不得與鄉無可信者一食於校殆十有二年
而先生存時往往語其徒曰吾子孫無顯者而顯
者之先吾所知也吾亦慎勿隨世俗爲鄉賢擧與
聞者咸志之常怏怏一日越中薦紳暨家大人以
先生即不樂於校未必不樂於社而祀于社又吾
輩之力所易爲也議始倡和者響應郡額上言遂
撤已所居傍舍三楹徙置禹蹟寺西林實先生舊
著書所以祠先生陳憲僉鵠胡納言朝臣奔走督
率益力助貲者既衆祠所需用旬日告成門以二
重道徑畧修潔趾卜吉治主以丹皷吹道周國人
喜躍以元忭職史也宜書忭始見先生時未知學

也既稍從事于學而先生則已殁殁而嘗追師之竊比於聶司馬事新建之義於是舉也誠快之書其敢辭考之古凡功德與言三立者有一焉則祀于國而今先生居其二昌黎乃曰鄉先生鈞于某水遊於某樹某丘其可指而樂者有三則宜祭于社而今先生獨苦于學其爲三可指而可樂者未嘗居其一顧不即祀于國而亟祀于社也於法雖有遺亦從我之信以俟夫疑者之久而自信云爾於是謹書其舉事始終之歲月與鳩工之人若先生之世曰祠始於萬曆二年二月之朔越十五日而成又越五日而王以入鳩工者爲里人王煉先生名本字明德別號彭山以進士仕始推官召拜御史以讜歷陞佐令起爲禮部郎中再謫歷府倅丨長沙知府他若助貲者例得書書于碑之陰爲作歌曰脩篁兮叢枝黃熊予兮搖攝灖靡兮牧長解佩組兮言歸依兕寮兮長嘯轗六簫兮以甲栖兕管毫兮杵杵惟以遺兮將來什淹日月兮之逾幾靈冉冉其何之祠靈兮一亦囍匪他人兮吾鄉哲

靈之來兮總總挽北斗兮秉箕中參差兮廷佇勞騁望兮何如〔山陰令徐貞明帖文〕爲承祀典以隆先哲事照得邑鄉賢彭山季公明經篤行爲世師表諸君子倡義捐祠正古鄉先生沒而祭于社之意其于有司之祭于校不妨並舉也但廟貌雖新而祀典未備職忝官茲土景仰先哲且樂成諸君子之義查將昌安門外官房歲收其租以供春秋祀事恐久而無稽也帖議祠中以永祀典須至帖者計開官房二間歲該租銀三兩正往後照時值起租東二丈四尺五寸至宮街西二丈四尺五寸南二丈一尺北二丈一尺俱至陳楫屋地共計實地六釐有帖景賢祠存照萬曆三年四月初九日給帖

文

沈公祠在縣東南二里 隆慶六年巡按御史謝廷傑命有司建以祀贈光祿少卿沈鍊徐渭曰余讀離騷及閱青霞君塞下所著鳴劍小言集籌邊賦批腕流涕而嘆曰甚矣君

之似屈原也然屈原以怨而君以憤等死耳而酷不黯異焉雖然死不黯無以表烈忠今夫干將鈌且折其所擊必巨堅也君結髮廬越山至入仕至放居塞垣其特奇行多甚言之人無不駭心墮瞻者然其要卒歸于孝忠君少時君父翁睽其室走京師哲終焉其後君舉于鄉入京悉要其鄉人爲供具長跽請歸其父翁哀痛慟號路人無不灑泣者父翁遂感動悉命駕歸翁嫗相歡如初跡君所爲孝如此其忠固有自哉然余嘗至京師過君故舍分人爲余道沈大夫盛時車騎集門如流水及禍起門可張雀羅所不去者永嘉張尚實遜業鄉人胡通政朝臣耳然兩公者卒以此得禍悲夫宋玉爲屈原弟子原死玉爲辭招原魂余於君非弟子然晚交耳君徙居塞垣時余直寄所懷詩一篇

寄宗

玉矣

雙節祠 在賀家灣右汪家園走水墩里人所建毁 祀范氏二烈

者嘉靖間知縣牛斗重新之郡□墓所致祭焉詳貞烈傳（明）吳江周南老詩）姊妹不□天齊寡居無媒聯璧竟何如同心帶斷生無主未□雖身完死見夫清白一門全兩節綱常千古倚雙姝白頭林下春秋筆能補典朝太史書湯紹恩詩君不見東鄰有女方死夫信寢嫁作西鄰婦又不見西鄰有女夫極貧甚嫌欲嫁東鄰富婦人女子水性多飜雲覆雨將奈何會稽文正家雙節驪人壹客須且歌大妹芳年笄甫及青鸞喜報諧雙璧良人遘疾未經年秋空別鶴香魂寂紅水眼落返頭居蹤名止水澄太虛茅廬小結蔽風雨孀節稜□塏與俱我心匪石不可展我心匪席不可捲任□珠孝爾麝香矢心孤鷹秋風遠深閨幼妹正妙□門名紳采婚媾成良媒初縮赤繩足玉人訃報□蓬□春愁暗鎖雙蛾翠刃割柔腸心覺碎雖然□識百歲夫海誓山盟期百歲此生無復比翼飛□生無復連理枝生則同牢死同穴業緣斷了前□舅父勸勸兮堅似鐵母勸勸兮固如結泉枯石□長相思淚滿

鮫綃半成血寧甘紡績供口飧焚伏八月照茅茨闢
嫦娥夜宿廣寒裏泉臺見夫無覿[illegible]與姊偕處歲
月久歲月久兮易白首天長地久[illegible]蕊蕊青塚崖
京名不朽翰林太史勒碑文郡邑[illegible]揚記誰其睢
予拜領虎符來握取清樽奠杯酒[illegible]秋光景次寥
天夕照寒蟬泣哀椰（又）老大和泪[illegible]新詩北水亭
中雙節奇萬古綱常同一誓寸心[illegible]白兩無移驚
𩙦鏡影秋風冷鳳咽簫聲夜月遲[illegible]地不窮倩不
邑志今刪
表尚食志

〔麗公祠〕在箪醪河萬曆七年建（張元忭碑文）天順間御史朱英所陳行兩役法籍縣民爲十年而統于坊里之長每一坊一甲中長各十人以領之今民按丁若田五年而率錢與長歷吏謀公私費在坊者主之在里者一甲領日甲首錢貫五年而長率民詣縣庭審諸役一门均儲歲辦運[illegible]舊常益五年一里民北時廟祐便其役吏辱縣長[illegible]云甲首錢有一[illegible]男子[illegible]內[illegible][illegible]四五

兩者卽富家田而率有如畝滿千百金不數覔
不已於是貧者徙往往以錢累其一長其富者不
免於詭其畝半其輸與例得糴丁者一王若均徭一
不幸得與虛或補鹽諸役其在榜中一值役不過
七八金富民或之則誅擾百出不數一日金亦不已
又不幸富于義得兩畫役貧者或分一得十之一二
則身家立破爭平生措聚至百千飢一在而暮室貧
者至不有其壹子與龍斷攫互廢一切齎市中相
聚以哭邑里鄰嘘邑胥胥然若在冬秋於是每當
書齒點名登乘長巧播弄以綢繆與譎輪相唇齒
而民之病益亟今中丞副都御史南海龐公尚鵬舊
爲御史來按浙所因革予奪悉歸盡當如前兩
役爲病既久且久乃一破其法如一邑中調劑官
府所需費若諸顧役不縮不盈與民之丁土相釐
合丸丁一田畝十率出若干錢與秋糧歲遵輸于
邑吏明年府所費與諸所役亦歲出庫中錢釋其
人掌之臣買且顧名一條鞭又刻帖人給一紙令
曉然無所謂甲首錢長不得濫索無藉從需者不

入驛庫役最重且苦若鹽捕等者不得勸富者募
而且歲輸每丁不踰二十分耿絹忌擀受詫者不
得行胥吏無所用其役以自殖蓋自詔下行之壹
今農始知實田而權擔而食者亦亦去其土圖瀏
熙熙累始始甦息然亦既十餘年矣然父老子弟乃
始釀金買屋以祠公而屬不上言於余何聰聯請
之則楙顧以對曰公亦知永州事乎柳大夫將奪
蔣氏之蛇而復其賦蔣氏出於泣然者以蛇之毒
人不若賦法之毒人甚也麗公易兩役爲條鞭是
出我水火居之衽席今也聞且將奪我衽席而復
之水火其毒於蛇也倍蓰予曰誠若是則父老等
之言衆言也予言者一人之言也衆言也者能致
於聞者也予一人言也而又言於在是不能致於
聞者也諸父老更進曰急父母之病者醫藥不已
也而兼事于禱祀甚則且磨股上肉又爲嚮禱祀
之不如醫藥哉噫是亦可哀也已余亦何吝於喙
一祠基并屋附坐字五十七號原地二畝一分七釐
七毫今坐字五十七號地二畝二分九釐二毫五絲

系積方五百五十方二分南至簞醪河北至陳以
義東至泮河西至陳以義臺門三間內石砌明堂
一个大廳三間中懸均平世澤匾額左間豎立張
陽和先生鐵文碑記後石砌明堂一个東廊一帶
正殿三間中供龐公神像後東側屋三間西側屋
三間坐陳以義屋後頂進幷西側屋後竹園一个

吳侯祠在開元寺再建於曹娥江蟶浦陶堰〈徐渭撰碑文〉會稽典史吳侯成器徽之休寧人其始仕會稽當海上寇初入內地侯以能將兵御名于是承大小數十戰斬賊首數百級生獲數十人還擄者亦以百計凡戰之處休止督發設守出鬭有方法禁士卒無毫毛擾居人又能含欬先亡卒民多知其功者往往就所戰處爲建祠刻石今曹娥江其一也父老某某等來告願成請予序事予感而嘆曰曹娥一弱女子耳當其咿嚶婉孌初不知有門外事至其赴父之難恥大江蹈洪濤慷慨激烈有猛丈夫之所不敢爲者夫典史下僚也動爲人所箝僄

然何異一女子至其當國艱難乃惟知曰吾臣而已其仗劍舍身以當事乃不復知有他計此其人皆以忠孝植性歷千萬古而同一道今其祠若廟峻然兩相望豈偶然哉詩曰伊昔孝娥垂笄統珥當斯之時一女子耳償江痛父不得屍所被髮亂流號澨知虎今之仕者沉伏下僚傑然長嘆則怒其遭有冠在庭孰敢攘奪世難叢戈何況邑尉桓桓吳公天植忠孝先國後身與娥一道啟宇崇功娥江之滸祠木相望照映江水

傅公祠在會稽縣學之東宋建炎四年傅崧卿知紹興府事時多惠政郡人德之建祠以祀後因頽圮子姓於萬曆年間重脩并以忠肅察給諫晷卿仝祀焉

章公祠在道墟村祀明殉難長史贈副使章尚絅

會稽縣志卷第十四 終

會稽縣志卷第十五

祠祀志中

陵

夏禹陵在會稽山西北五里嘉泰志云禹廵狩江南死而葬焉猶舜陟方而死遂葬蒼梧聖人所以送終事最簡易非若漢代人主豫自起陵也劉向云禹葬會稽不改其列謂不改林木百物之列也皇覽禹冢在會稽山自先秦古書帝王墳皆不稱陵陵之名自漢始吳越春秋禹命群臣曰葬我會稽之山穿壙七尺下無及泉墳高三尺土階三等葬之後無改畝史記正義又引會稽舊記云禹葬茅山有聚土平壇人功所作故謂之千人壇嘉泰志又云是山之東有隴隱若劍脊西嚮而下下有窆石或云此正葬處非嘉靖間有閩人鄭善夫定在廟南數十武郊府南大

吉信之立石刻大禹陵三字恐亦未足爲據明史官楊慎則曰禹穴在蜀慎蜀人文人好事惟自雒其鄉人多献之曰此禹藏衣冠之所非眞葬禹也乃泥一代衣冠埋窆不之句以文害辭亦固哉其言誇矣凡歷代祀典詳前卷禹廟

宋永祐攢宮　按陸游志自祖宗時有殿攢殯攢之名皆用殯字至顯仁太后祔永祐攢宮始易以攢字

高宗永思陵

孝宗永阜陵

光宗永崇陵

寧宗永茂陵

理宗永穆陵

度宗永紹陵

以上諸陵僅存封樹、唯孝理二陵獻殿三間、繚以周垣、今亦頹廢、理宗陵有頁骨碑亭、宰牲房一所、齋宿房一所、其右爲義士祠、內外禁山三千七百三十五畝、田三十八畝九分、○自宋攢葬以來、內外皆有厲禁、歲久湮沒、爲居民所侵、正統間趙伯泰奏告始復、弘治元年復帖縣典史張弘檢勘量具册以覆、其後又以官山無守者、多緣典與訟、乃割禁山之半佃爲民業、而其半亦令居民守之、而入其租、然樵採之禁守衛之夫亦亦寖以疏矣、按宋史哲宗昭慈皇后孟氏紹興元年四月崩、遺誥權宜就近擇地攢殯、俟軍事寧息歸葬園陵、此攢宮之始也、紹興五年四月、徽宗崩于五國城、先上陵名曰永固、十一年八月、金人以徽宗及皇后鄭氏梓宮來還、十月掩攢在昭慈太后攢宮西北、改陵名永祐、徽宗顯肅皇后鄭氏從徽宗北遷、留五年、崩于五國城、梓宮歸、與徽宗合欑于永祐陵、徽宗顯仁皇后韋氏從徽宗北還、高宗即位、遥尊爲宣和皇后、紹興十二年八月金人歸徽宗梓宫、因送韋氏還臨安、二十九年九月崩、欑于永祐陵西、高宗憲節皇后邢氏、金人犯京師時、高宗在藩邸出使、邢氏遂從三宫北遷、高宗即位、遥册爲皇后、紹興九年后崩于五國城、十二年八月后梓宫至、欑昭慈太后梓宫西、紹興三十一年金人以欽宗訃聞、遥上陵名曰永獻、乾道中、朝廷遣使求陵寢地、金人乃以禮陪葬于鞏縣、欽宗皇后朱氏從欽宗北去、不知崩聞、孝宗淳熙十四年十月高宗崩、欑于會稽之永思陵、高宗慈烈皇后吴氏、以寧宗慶元三年十一月崩、欑祔于永思陵、光宗治熙五年六月孝宗崩、欑永思陵西、上陵名曰永阜、孝宗成穆皇后郭氏、向爲夫人、紹興二十六年薨、光宗受禪、追册爲恭懷皇后、及營阜陵、改成穆、祔孝宗廟、孝宗成肅皇后謝氏、寧宗開禧三年五月崩、祔永阜陵、寧宗慶元六年八月光宗崩、欑會稽、上陵名曰永崇、寧宗嘉定十七年閏八月崩葬會稽上陵名曰永茂寧宗仁烈皇后楊氏理宗治定五年十二月崩祔永茂陵理宗景定五年十月崩葬會稽上陵名曰永穆度宗咸淳十二年七月崩上陵名曰永紹以上諸陵並在寶山今名欑宮山其地本泰寧寺故址宋嘉定十七年命吏部侍郎楊華爲按行使歸奏泰寧寺之山形勢天設吉氣豐盈遂詔遷寺而以其基定十焉至元戊寅西僧楊璉眞珈將發諸陵宋遺民山陰唐珏潛易以僞骨取眞者瘞之山陰天章寺前六陵各爲一函每陵樹冬青一株以識獨理宗顱巨恐易之事泄不敢易爲僞骨眞珈築白塔于錢塘藉以骨而以理宗顱爲飲器元亡明洪武二年始詔下北平返理宗顱歸舊陵知府張士敏記曰洪武元年正月戊午皇帝御劄相臣宣國公李善長索宋理宗頂骨于北平移北平大都督府及守臣吳勉西僧汝訥監藏深惠以頂骨來獻詔付應天府守臣夏思忠四月癸酉瘞諸南門高座寺之西北明年五月壬辰遣使訪歷代帝王陵寢六月庚

辰浙江以紹興宋諸陵圖進復命禮部尚書臣崔亮奉勑以理宗頂骨藏諸舊穴按理宗宋太祖十世孫入纂大統享國四十餘年景定五年崩明年爲度宗咸淳元年三月葬永穆陵祥興元年宋亾元至元二十一年僧嗣古妙高言請毀宋紹興諸陵江南總攝夏人楊璉真珈與承相桑哥表裏爲奸惡明年正月奏如三僧言發諸陵金寶以諸帝遺骨建浮圖于杭州截理宗頂骨爲飲器嗚呼其不仁甚矣穆陵之發距今八十有六年遺骸餘蛻始克復歸于土豈非天耶惟我國家德邁前王澤被幽壤仁心仁聞風動四方是以刻詞穹碑昭示來世臣士敏適守是邦承命惟謹敬述歲月俾後有考焉洪武三年遣官訪歷代帝王陵寢令各行省臣同詣所在審視陵廟併其圖以進浙江行省進宋諸陵九年令五百步之內禁人樵採設陵戶二人有司督近陵之人看守每三年一傳制遣道士齎香帛致祭于孝理二陵凡遇登極遣官祭告登極祭文四年與各陵同洪熙元年惟皇帝德令

天地治紹唐虞安民之功垂憲萬世予嗣位之始率循典章祇遣廷臣敬脩陵寢尚賴神休羽翼治平尚饗（宣德元年）惟帝統承先業保乂邦家民賴以安功德惟茂予嗣位之初特用祭告尚饗（正統元年）予嗣承大統追惟前代嗣君克紹先業用保生民者心存景慕謹用祭告惟帝享之（景泰文同）（天順元年）茲予復承大統緬維前代繼述之君克紹先業以綏民生者心甚慕焉是用祭告惟帝享之（成化元年）惟帝克守先業致治保民茲予嗣統景慕良深謹用祭告尚饗（弘治正德嘉靖隆慶萬曆泰昌天啓崇禎文並同）（王十朋詩并序）某比緣職事朝拜欑宮瞻望松柏愴然悲泣遂成小詩崇觀升平主神遊在九霄稽山嗟葬禹寰海痛思堯天上仙宮別人間寶祚遙微臣望松柏魂思黯然銷（元張孟兼撰唐玨傳）唐玨字玉潛會稽人也少孤力學以教授養其母至元戊寅浮屠楊璉真珈利宋欑宮金玉故爲妖言以惑主聽而發之玨獨懷痛忿乃貨家具行貸得白金若干爲酒食陰名

諸惡少享于家，衆皆驚駭，請曰：「平日且不敢見，今
召我飲，又過禮，不審欲何爲？雖死不避。」珏因泣數
行下，謂之曰：「爾輩皆宋人，吾不忍陵寢之暴露，已
造石函六，刻紀年一字爲號，自思陵以下，欲隨號
收殯之。」衆皆諾。中一人曰：「此固義事也，然今無有
知者，恐萬一事露，禍不測，奈何？」珏曰：「已籌之矣，要
當易以他骨焉。」衆如珏言，夜往收貯遺骸，瘞蘭亭
山後，上種冬青樹爲識，約明日復來會，出金帛爲
諸人壽，戒勿泄也。璉又易宋內爲諸浮圖及哀陵
骨，雜馬牛枯骼，築白塔，號曰鎮南。杭人皆慟痛泣
下，而不知眞骨之他存也。亡何，汴人袁俊爲越治
中，格珏爲子師，間問曰：「吾聞越有唐姓瘞宋諸陵
骨，豈君耶？」坐有指珏曰：「是也。」俊大奇之，手加額曰：
「先生義士哉，遜讓不及也。竊聞高義久矣，不意得
與先生處。」久之，知珏以瘞骨故貧甚，俊爲買田宅
居之。先是，珏臥疾，一夕，夢吏持文來召，曰：「帝召君。」
速之行，至一所，見宮闕邃麗，一人冕旒中坐，旁一
人延上殿，又數黃衣進揖珏曰：「賴收遺骸，無以報

俄曰聽報良田二頃有妻孥以養乃復揖及闕翻然而覺莫省何謂已而會俊料理事如夢中始悟夢中所見乃宋君也有謝翺者文丞相客也與玨友善嘗感玨事爲作冬青樹引語甚悽苦讀者無不灑泣翺字羽皋閩人亦奇士云唐葬骨後又與宋常朝殿掘冬青樹植于所函土堆上（作冬青行二首）馬箠問髑髏形南面欲起語野麕尚純束何物敢盜取餘花拾飄蕩白日哀后土六合忽惟事蛻龍掛茅宇老天鑒區區千載護風雨（又）冬青花不可折南風吹凉積香雪遙遙翠蓋萬年枝上有鳳巢下龍穴君不見犬犬之年羊之月霹靂一聲天地裂（復有夢中詩四首）珠亡忽震蛟龍睡軒敝寧忘犬馬情親拾寒瓊出幽草四山風雨鬼神驚（又）一坏自築珠丘土雙匣親傳竺國經只有春風知此意年年杜宇哭冬青（又）昭陵玉匣走天涯金粟堆寒起暮鴉水到蘭亭轉嗚咽不知眞帖落誰家（又）珠凫玉雁又成埃斑竹臨江首重回猶憶年年寒食節天家一騎捧香來（鄭元祐書林義士事）宋

太學生林德暘字景曦號霽山當楊總統發掘諸
陵時林故爲杭丐者背竹籮手持竹夾遇物即以
夾投籮中林鑄銀作兩許小牌百十繫腰間取賂
西番僧曰餘不敢望收其骨得高家孝家足矣番
僧左右之果得高孝兩朝骨爲兩函貯之歸葬于
東嘉有夢中作十首俱悽惋其七首志之矣葬後
林于宋常朝殿掘冬青一株植于所函土堆上有
冬青花一首曰冬青花花時一日腸九折隔江風
雨清影空五月深山護微雪石根雲氣龍所藏尋
常螻蟻不敢穴移來此種非人間曾識萬年觴底
月蜀魂飛繞百鳥臣夜半一聲山竹裂（又君不見
羊之年馬之月霹靂一聲山石裂○其事甚異故
書之若霽山者其亦可謂義士也已三詩與唐玨
同不錄（謝翺別唐玨冬青樹引冬青樹山南垂九
日靈禽居上枝知君種年星在尾根到九泉護龍
髓恒星晝隕夜不見七度山南與鬼戰願君此心
無所移此樹終有開花時山南金粟見離離白衣
人拜樹下起靈禽啄粟枝上飛冬青樹引跋二錄

（其一）予既訃皐羽登西臺慟哭記又以此詩詢諸
未易通曉故爲之疏以便考證而自質焉適又獻
黃先生之門人傳藻氏以書來謂聞之文獻者曰
楊總統初欲利攢宮金玉故爲妖言以惑主聽而
發之越中王英孫一日出金帛與諸惡少衆皆驚
駭而請曰平日且不敢見今乃有賜不審欲何爲
雖然不敢避因徐謂曰爾輩皆宋人也吾不忍陵
寢暴露巳造石函六刻紀年一字爲號自思陵以
下欲隨號收殯衆皆諾遂夜往收貯遺骸骨而葬
上種冬青樹爲識此歌詩之所爲作也其說如此
予以舊注既有異同亦既以書致鄙見于傅君矣
故未即以舊聞非是而未加改定姑錄一通寄傅
且書來言于此以問該洽者庶幾予言或可再証
也丙午正月十日張丁識（其二）浦陽張君孟兼取
閩人謝翱爲宋丞相文公所作西臺慟哭記詳疏
其文復取其至越中所作冬青樹引并疏之于卷
末且以窆宋遺骸事爲唐玨王英孫而疑其異同
予謹按郡先生霽山林君當宋亾時忠義耿耿有

南山有嘉樹及商婦怨等詩見所著集中嘗與唐珏收宋遺骸于山陰種冬青樹其上刻誌有丙之年子之月冬青花不可說之句蓋先生乃王英孫門客先生與珏所爲王蓋與知之矣夫謝翱在文公之門傳公者曾不及翱非張君茲述殆泯沒不傳今書珏之事而霽山林君不與焉豈非闕乎吾因併識其事以釋君之疑且以副君好古之盛心云洪武四年二月十日孔希普識忭按唐林二義士事所樹冬青與所傳詩四首僉同蓋甚惑之竊疑一人本協謀而傳者失其實耳季長沙公本乃以收骨事爲唐珏非林景熙其註謝翱詩云星在尾謂寅年也元史曆志授時曆經黃道十二次宿度尾三度一分一十五秒入析木之次辰在寅謝翱以布衣杖策參文天祥軍事天祥死于燕翱傍徨山澤遇處郎哭辛窮以死其忠憤如此故謂收骨爲唐珏事且知爲戊寅年者以翱詩爲證耳然以冬青樹引二跋觀之則如余前所疑庶幾近之而王脩竹名英孫嘗延致景熙要亦與聞其謀者

也又嘗覽霽山集載冬青花諸詩甚明中與唐玉潛王修竹往還詩不一多激烈語其答謝皐羽又有夜夢繞句越落日冬青枝之句謂非與聞其事者可乎當收骨時事甚秘故姓氏互傳若此（高啓詩）樓舩載國沉海水金槌晝入三泉裏空中玉馬不聞嘶日落寢園秋色起魚燈夜滅隧戶開弓劍已出空幽臺緇流暗識寶氣盡六陵松柏悲風來玉顱深注酡酥酒誤比西裔月支首百年帝鬼泣穹廬龍骨飲寃愁不朽幸逢中國眞龍飛一函雨露江南歸環珮重遊故山月冬青樹成遺民非千秋誰解錮南山世運興亡反掌間起輦谷前馬蹄散白草無人澆麥飯（李東陽冬青行）高宗陵孝宗陵鱗骨盡蛻龍無靈唐義士林義士野史傳疑定誰是玉魚金粟俱塵沙何須更問冬青花徽宗不返梓宮復二百年來空朽木穆陵遺骼君莫悲得葬江南一坏足（許瓚詩）落日荒墟野雀嘷攢陵人指宋先朝絕勝漠北龍函冷堪嘆京西鶴柱遙宮廟幾何今寂寂寶山猶似昔嶢嶢曹瞞首作搜丘

尉遺禍令人恨未消（孫紀詩）海門三日無潮汐天塹徒誇壯南國龍舟載璽竟不還祇見銅駝在荆棘鳳凰山前樓閣重妖人據作瞿曇宫誰言枯骨有王氣六陵代盡山爲童風雨黄昏寒食節杜宇含冤淚成血壺瓶塔倚夕陽低冬青樹老秋風折四十餘年有道君殁後寧知刼火焚玉顱酒深寃鬼酔此事痛切誰堪聞（劉棣詩）翠柏蒼梧雨露深六陵登罷欲沾巾事關往古多攖念詩感中興獨費唫雨洗藤蘿懸碧落雲開臺榭護春陰偏安空有銅駝嘆陝洛猶成荆棘林（李本詩）玉輦金輿不可旋六陵松柏五峯前愁雲暗結黄昏雨斷石空埋白晝烟楚志欲窺三代鼎蜀魂空託五更鵑細從故老詢遺事不待冬青已惘然（汪應軫詩）寒食誰憐五國城六陵空自有秋聲滄溟月骨知尋處也逐邊塵向北行（劉昺詩）六代君王龍氣盡萬山松柏畫圖開可知不繫中原望自有江南土一坏（柳文詩二首）衣冠不戀越山遊一唐龍輴幾度秋汴水無梁魂漠漠燕雲失路恨悠悠寒巖松檜[illegible]

花蓋幽壑藤蘿綴晃旒憶自金牌追往騎空憐玉几覆歸舟(又)一坏難保君王宅雙匣重歸義士銘烟雨寢園啼蜀鳥風霜丘隴哭冬青狐經寶劍妖無孽龍返珠宮氣有靈千古興亾總如此五更哀艸夢郊坰(袁宏道遊六陵記)六陵蕭騷岑寂春行如秋晝行如夜雖聯轡疊騎而時聞悵啼鬼哭之聲讀唐義士詩痛楚入骨爲之灑泣自古亾國敗家雖多未有若斯之慘酷者也(詩一首)冬青樹在何許人不知鬼應語杜鵑花那忍折冤雖去終啼血神靈死天地黯傷心事戊兒年錢塘江不可渡汴京水終南去縱使埋到厓山厓白骨也知無避處(陶望齡六陵懷古詩三首)六陵風露入深秋松柏蕭蕭萬壑幽憶昔普天悲鑄鼎只今何地問藏舟百年車馬驅南國盡日狐狸嘯古丘二帝寢園尤寂莫黃沙白艸不堪求(又)前朝遺恨荒村裏今古傷心越嶠青亂後乾坤銷王氣夜深風雨泣山靈三泉白日衣冠冷八月寒蟬艸木零當代有誰憐國士布衣林下老傳經(又)傳經閉戶沉冥久忽

漫悲時意氣深廢隴憑誰收白骨傾家結客散黃金松楸盡溼孤臣淚日月常懸異代心節俠似君能有幾冬青花老一沾巾〔徐渭詩〕藁葬未須憐生時已播遷威儀非舊典世代是何年過客悲山鳥王孫種墓田回看隴頭樹似接汴京烟〔又〕落日愁山鬼寒泉鎖殯宮冤猶鸞鐵騎人自哭遺弓白骨夜半語諸臣地下逢如聞穆陵道當日悔和一〔張汝霖詩〕世外幾茂春寒刼火野人猶自讀欑宮六陵艸樹荒烟下半壁山河落照中義士傷心偷瘞骨前朝遺恨失和　杜鵑巧作青山泣并帶松聲咽晚風〔福清薛敬孟六陵弔古詩〕羣峯壑裏夜藏舟杜宇聲聲未散憂松木公然歸帝蛻冬青猶得識山頭黃沙頂骨冤千里玉匣衣冠恨一丘艸莽辛勤雙　士黃金散盡寢園誅

墓

周若耶溪大塚〔越絕書〕句踐葬先君夫鐔塚也

漢董永墓在織女舖旁有董家堰凡堰之董姓者悉永後其因織女潭者俗
永所遇織女爲永織絹以償傭錢既罷浴手潭而
上升故名亦猶永居楚名其縣爲孝感類也嘗聞
先輩云吾鄉中某遊太學見祭酒丘瓊山濬閩知
其爲會稽產也曰會稽有織女舖女知之乎對曰
不知濬語之故則董永事也董永
遇織女事見湖廣山東兩志中

曹娥墓詳曹娥廟下

晉八仙塚在白塔（舊志）晉稽康善琴過白塔宿傳舍
遇古伶官之魂而得廣陵散曲其
聲商緩似宮臣逼君晉謀魏之象也其名廣陵散
散離播越永嘉南遷之兆也曲終指其塋處至今
窟穴猶存（徐天祐詩）廣陵莫惜世無傳遺恨商
聲第一弦伶鬼何關興廢事淒涼一曲兆南遷

塚斜在平水三十餘里接嵊界相傳越之墳墓多
在所謂斜者如唐

官人斜之類

丁固墓十道志在會稽又名司徒塚

宋吳越忠遜王墓在秦望山北地名昌源宋史錢倧疾殂東府以王禮葬焉林景熈詩牛頭一星化爲石千仞稜層垂鐵脊隆隆隱隱佳氣藏列峯環拱效圭璧玉棺何代埋衣冠三朝萬乘子復孫典冊輝煌照九土歲時園廟嚴駿奔輪雲自古幾茂翻覆山靈不守松栢禿離離荒艸鬼火青麥飯無人灑林麓我來弔古欲雪天梵宮金碧棲寒烟殘僧相對語寂寞苔蘚蔽嶺青年年

太傅信王趙璩墓在昌源石傘峯宋宗室璩以少保恩平郡王判太宗正始賜府於紹興後罷大宗正進少師王薨贈太保信王以薨慶元六年加贈太傅

榮王趙希瓐墓在昌源理宗父

齊賢良唐墓在昌源石傘峯

陸左丞佃墓在陶宴嶺支峯下

顧內翰臨墓在昌源石傘峯

齊尚書執象墓在昌源

沈少卿紳墓在雲門山

韓左司膺胄樞密肖胄運使髦墓並在太平鄉日鑄嶺

陸諫議軫墓在五雲鄉焦塢宋贈太傅

陸都官珪墓在袁孝鄉宋贈太尉改葬鷲峯寺前

錢内翰易墓在天柱峯下子集賢彥遠裔孫伯言祔

陸發運寘墓在富盛鄉郎中流祔

陸少卿宰墓在雲門盧家嶴知郡松通判淏並祔

詹司諫亢宗墓在秦望山

楊樞密愿墓在何山知郡祐祔

陸右司長民墓在上皐尚書塢參議靜之提舉升之教授光之並祔

蘇討議師德墓在陶晏嶺吏部玭祔

詹太傅林宗墓在鹿里太監騤祔

梁司諫仲敏墓在秦望山

傅屯田瑩墓在浪港山

胡尚書亘儒墓在秦望山

王知郡錇墓在蔡山

傅編脩堯咨墓在石旗山給事中崧卿祔祠建會稽學東

莫侍郎叔光墓在平水

張秘書淵墓在昌源

王提舉然墓在五雲鄉中竈判院濬侍郎淪並祔

尹和靖先生焞墓在龍瑞宮前峯石帆山下明季本詩

有序尹和靖墓在會稽龍瑞山嘉靖中爲里豪所發得其誌石人有見者聞於官時莆田洪珠方知府事使人訪求則石旣毀矣乃卽城南拾子橋下爲祠以祀和靖其祠蓋善法寺廢址云一從南渡寄遊覘龍瑞山前日色昏宋代寢園銷巳盡程門衣鉢瘞無存空瞻特廟荒新壞不及幽銘認舊墳弔古尚多遺恨在

休將往事論楊髡

張太守遠猷墓在雲門石人山有張家橋蜀綿竹人仕爲紹興太守有惠政遂家焉太守父兵部侍郎震自杭州西山遷瘞於此太守兄主簿壯猷墳亦在焉明狀元張元忭太守十世孫

蔡參子定墓在觀嶺下

王尚書定肅公希呂墓在三都之破塘里

陸太師游墓在雲門盧家嶼

元

韓先生性墓在木石岡

呂副樞珍墓在湯浦獅山之麓

董脩撰應申墓在石浦子孫繁盛科第蟬聯石浦漁渡二族輪祭

明

董學士敬墓在珠湖會元董文簡玘之祖

董僉事豫墓在鄭家嶼

章侍郎敞墓在稷山南神道碑楊士奇撰

董太守復墓在二十三都浦下玘之父贈學士賜祭塟

陶恭惠承學墓在洞浦諭塟

陶文簡望齡墓在下竈

陶石梁奭齡墓在稽山

董日鑄懋策墓在漓水閘與上虞接界

范給事紹序墓在稷山

章副使尚絅墓在稱山南師古墩殉流寇難賜祭葬

陸忠烈夢龍墓在桐塢

劉左都宗周墓在下蔣

倪尚書元璐墓在白蓮嶼聖僧山甲申殉難祠祀旧录免塗一殺

王元趾毓蓍墓在上竈　高孝廉岱墓在所坊東

義塚　紹興五年少監李大性置於鎮塢會稽尉徐次鐸記越之流風凡民有喪即議僑寄棺柩所積夙號墓園連歲不登繼以癘疫而民不免於死亡公奉命東來一意全活饑者賑之以粟病者起之以藥死者遺之以棺荒政舉行畢力無倦復有意於埋胔掩骼之舉命次鐸走近郊枚數寄棺凡三千餘下令中飭曉告使人人知有送死之義且日其有猶浮圖火化者助之以緡錢姑從其私乃若無力歸藏請於官給所費規畫已定復命次鐸度地得二所其一鎮塢廣四十畝又其一涸湧塘旁十餘畝由是義塚之規立矣兩開分畤男女以辨締以周墻封其四圍畫圖傳籍備錄分藏閭里姓氏次第刻著申命緇黄以視墓室五封廣列尚爲後圖庶幾有以繼於此也自慶元改元夏訖於冬十月野處之棺官爲覆藏者凡千二百九十有三據籍可考至是澤及枯骨矣自今不燎於原

不没於川不暴於野是則公拳拳之志也

國朝順治年間更建于五雲門外暨各村鄉僧恒鑒

春秋二季

率衆掩骼

會稽縣志卷第十六

祠祀志下

寺院　觀宫　庵堂

夫自漢唐以來寺觀繁興而財日耗民生日促昌黎氏欲廬其居不爲過矣然此亦二氏之敝其徒崇奉之過則然耳彼其初曇與聃之教以四大爲虚假以乾坤爲逆旅尚安事華居廣厦以奉其身者乎亦猶吾儒者之道其始爲棟宇也取以蔽風雨而止而其敝也則有瑶臺瓊室以階禍亂者斯

豈創制者之過哉抑余有深慨者儒者之闢二氏五尺童子能道之矣乃或假是以濟其私彼其廬若鱗其土若奕又何爲者也其不爲二氏之所竊笑者幾希　徐渭

寺院　照府志先城後鄉先府志次縣志次新入

開元寺在縣治東南　五代節度使董昌故宅也後唐長興元年吳越武肅王建寺蓋處一城之中四旁遠近適均重甍廣殿脩廊傑閣大鐘重數千斤聲聞浙江之湄佛大士應眞之像皆雄麗工緻冠絕他剎歲正月幾望爲燈市傍十數郡商賈皆集玉帛珠犀名香珍藥組繡髹藤之器山積雲委光耀人目法書名畫鐘鼎彝器玩好奇物亦間出焉士大夫以爲可配成都藥市

宋咸平中僧曉原立戒壇遇聖節則開以傳度其徒建炎庚戌群盜卒至遂焚不遺一椽後雖興葺然未能如初今以爲習儀祝聖之所前門內西建湯太守祠殿東建吳通判祠萬曆十三年僧真秀募緣重修大殿易以石柱

長慶寺在縣治東南一里宋永巖二年因漢尚書陳囂竹園建號竹園寺唐會昌五年毀周顯德五年重修號廣濟院大中祥符元年改今額後祀衛士唐琦于寺側因呼班僊菴俗名班竹菴

杏花寺在縣治東南二里周顯德二年錢承裔建號法華懺院開寶三年改憲臺永壽院大中祥符元年改旌教院宋時植杏甚茂今爲杏花寺

大中禹跡寺在縣治東南二里晉義熙十二年驃騎將軍郭偉捨宅

建唐會昌中例廢大中五年僧居圓詣闕請僧契眞復興此寺并置禪院于北廡賜名大中禹跡寺門爲大樓奉五百阿羅漢甚壯麗初釋氏自達摩至慧能以來傳禪宗然禪院皆寓律寺至百丈山懷海始創爲禪居乃不復寓律寺契眞亦懷海弟子時禪寺雖創尚未盛行故猶寓禹跡北廡爲禪院宋紹興末曾文清幾卜居於越得寺之東偏空舍十餘間居之手種竹盈庭日讀書賦詩其中詩曰手自裁培千箇竹身常枕籍一床書幾平生清約不營寸產所至寓僧舍蕭然不蔽風雨惟食奉祠之祿假二三老兵給使令而已

延慶寺在縣東南三里唐大中十二年台州刺史羅昭權捨宅宋徐鉉述祖先生墓志序云門生彭汭登第補本郡司倉椽覺與社祭齋于郡之延慶院獨處一室既寢而精爽不寧展轉至四鼓乃得寐夢一白衣書生入戶謁汭曰某嘗遊少文詞在此室司倉嘗見之也汭辭

以未見書生門試爲讀之言訖而去及寤猶四鼓
因呼僕秉燭周視墻壁間意謂有留題者而都無
所見惟戶扇下有不方尺餘塵土蒙之視彷彿有
賀監字乃知此是也祀事罷乃移置廳前以水盥
之文字依然郎進士許冑所撰祖先生墓志也問
主僧云十年前院側數十步官置瓦窑掘地得之
而掌役者軍吏也不曉其所自但見有文因惜不
毁而置此按賀監以天寶二年始得還鄉旣而天
下多事遂與世絕止於吳越故老亦不能知其終
徵彭子之夢則賀監輕舉之迹與祖君高尚之節
皆湮沒矣其誌云通和先生祖君名貫字子元范
陽人性寬平州里莫見其喜慍長短頗覽書尤工
詩句天才黙識少有倫似蓋修黄老之術初賀監
得攝生之妙近數百年不衰荷笈賣藥如韓康伯
近在天台山升遐徧於人聽元和巳亥先生遇之
謂曰子寬中柔外可以語至道也候十歲遇爾于
小有乃授斷穀丹經先盥而授之吞一粟則十日
不饑一日謂門人曰賀公之期至矣沐浴委化

隆教寺在縣東五十步宋太平興國元年觀察使錢儀建號無礙洛院大中祥符元年改賜今額

華嚴寺在縣東南二十里舊去縣七十里陸游記畧會稽五雲鄉有山曰黃琢山之麓原野曠水泉列崗巒抱負岩嶂森立而地荒不治者不知幾茂何年矣或謂古嘗立精舍以待天衣雲門遊僧之至者有石刻具其事其後寺廢石亾慶元三年馬君正卿聞而太息乃與弟崧卿以事親收族之餘貲買地築屋釋僧守之乃告于府牧丞相葛公以華嚴額徙置焉嚴維詩福地華嚴會王家少長行到宮龍節駐禮塔鴈行成蓮界千峯靜梅天一雨清禪庭未可戀聖主寄蒼生

龍華寺在縣東都泗里郎江總避難所憩也俗呼龍王堂寺面秦望水環前

後及寺左有廣寧大橋東有龍華小橋微風細雨繚繞烟波皓月澄潭水天一色寺東有厲家蕩卽東大池舊甞趙福王臺沼畜魚味甚美今衆紳聚資易爲放生池寺久而圮萬曆二十六年寺僧如惆重修

國朝康熙四年僧茂生募資重修

善法寺在縣南二里晉天福七年吳越建爲尼院號永寧宋大中祥符初改今額熙寧八年知府趙清獻抃以幽邃非尼可居徙尼于大慶以其寺任僧明嘉靖間知府洪珠改爲古小學萬曆初年知府蕭以其後朝北餘地復建善法寺不甚弘敞而清幽可喜

寶華禪院在白馬山陶望齡題額內有關帝殿

石佛妙相寺在縣東五里唐太和九年建號南崇寺會昌廢晉天福中僧行欽于廢寺前水中得石佛遂重建宋治平三年改額曰石佛佛高二尺餘背有銘曰齊永明六年

太歲戊辰於吳郡敬造維衛
尊像凡十有八字筆法亦工

大禹寺在縣南一十二里禹陵之左梁大同十一年建自唐以來爲名刹唐孟浩然義公禪房詩義公習禪寂結宇依空林戶外一峯秀堦前衆壑深夕陽連雨足空翠落庭陰看取蓮花淨方知不染心

靈峯寺在縣東南二十二里宋開寶九年觀察使錢儀建初號三峯院治平元年賜今額明劉基活水源記靈峯之山其上曰金雞之峯其艸多竹其木多楓櫧多松其鳥多竹雞其狀如雞而小有文采善鳴寺居山中山四面環之其前山曰陶山華陽外史弘景之所隱居其東南山曰日鑄之峯歐冶子之所鑄劍也寺之後薄崖石有閣曰松風奎上人居之有泉焉其始出石罅涓涓然冬溫而夏寒浸爲小渠冬夏不枯乃溢而西南流乃伏行沙土中旁出爲四小沚

東至山麓瀦爲大池又東注于若耶之溪又東北入于湖其初爲源時深不踰尺而澄澈可鑒俯視則崖上松竹艸木皆在水底故秘書卿白野公恒來遊終日坐水傍名之曰活水源其中有石蟹大如錢有小鯖魚色正黑居石穴中有水鼠常來食之其艸多水松菖蒲有鳥大如鴝鵒黑色而赤嘴恒鳴其上音如竹雞而滑有三鶺鴒恒從竹中下立石上浴飲畢鳴而去予早春來時方甚寒諸水族皆隱而不出至是悉出又有蟲四五枚皆大如小指狀如半蓮子終日旋轉行水面日照其背色若紫水晶不知其何蟲也予既愛兹水之清又愛其出之不窮而能使群動咸來依有君子之德焉上人又曰屬歲旱時水所出能溉田數畝則其澤又能及物宜乎白野公之深愛之也（詩）靈峯寺閣倚松風風細松高閣更空何處流泉生石上有人鳴玉下雲中花飄霧露春香滿影動龍蛇曉日融安得身如列禦寇翩翩高舉共冥鴻（又）靈峯之中樓倚山山雲日夕樓其間九霄雲鷺隨高下六月

風雷送往還青嶂曉光浮藻梲銀河夜氣濕
松關天台向上無多路鷲嶺烟霞此可攀

雲門寺在雲門山 郡志云或謂雲門寺本面東乇秦望而對陶宴等山如列屏障

會昌廢寺後止存一小殿面南未毀遂附益以爲寺非復舊址而舊址乃多犂以爲田宋紹興中淮僧廣勤爲雍熙副院嘗因牛足陷得小銅維衛佛像于田中蓋古雲門寺地也明天啟三年僧福坤于舊址重建有僧雪嶠住持本寺尋卒瘞于寺之右隴

國朝順治十七年　賜帑銀五百兩修雲門寺塔奉有

上諭（明陸夢龍記）王子敬捨宅爲寺在縣南之五十里晉義熙三年五色雲見勅名雲門隋煬帝重智永智欣易名永欣會昌毀後非復故址觀察使李褒奏請重建賜號拯迷宋名淳化中析爲六普濟明覺俱違寺其曰雍熙者懺堂也壽聖者老宿所棲庵也一本面西名咸淳間僧廣勤爲雍熙副院

因牛足陷得小銅維衛佛像于田中蓋古雲門寺基云天啟三年僧福坤同子敬裔孫王友學于舊址復搆爲寺外爲溪風閣次韋馱殿次大殿又禪堂法堂寮廡齋厨各以序就坤公曰雲門古名也今仍名之一日而復千載之舊乞記于余余惟會稽擅佳山水子敬卜居何其勝也既捨爲寺何其達也子敬知興廢之不可常而捨爲寺烏知寺之廢興亦不常乎然興而廢廢而復興固子敬之所謂常者也或曰佛以垢淨齊世眼何居於不垢以生滅齊世緣何居於不滅余告之曰諸觀諸佛諸祖師無不擇勝而處此以知其不欲垢也與其徒相授記屈指滅渡而殷殷致意于重興此以知其不欲廢也雍熙于南宋時爲先農鄮功德院而放翁記壽聖今余記雲門重建固宜（郡司馬孫魯慕修雲門寺文）粵自恒星四鑒圓音雷布于中天慧日東臨遺敎雲垂于震旦惟諸佛菩薩涌現之地爲天龍神鬼擁衛之區茲雲門古藍實越州勝景始於先賢之割宅著于開士之傳燈緣以興廢不

常萘燕日久方隅廻異僧衆難安欲使六時鐘磬無魔須致一朝耳目頓改枕秦望之峯千山拱峙聚鑑湖之勝萬壑歸宗惟形勢有必然斯人天所咸被巳鑒前模之失詎云改築之艱爰是古卓和尚揮艸倡緣貫花飛錫罄衣鉢以命工假形像而設法行將復千年之故址炳煥丹青闢百代之法堂牢籠緇素功有同于累土事必待于布金以是因緣屬余唱導余惟刦火之壞大千雖云有數長者之施億萬要豈無時矧茲縣册黙至只表一念之微忱凡此玉帛金錢摠屬吾身之長物用介管城以當遒鐸倘如秭米之分大倉將見聚沙而成多寶務使千層繡閣旋復舊觀百丈瓊臺快茲新搆伏護世四洲光明之福德允叶天休考形家五緯生魁之機祥亦云元吉願我善信同耕福田借上林之一枝莫非春色挹微波之滴水亦助河流福不唐捐諦無虛誑倘蒙金諾敢請氷銜寺田永免雜差邑令

王炎世碑記

雲門廣孝寺在雲門山晉義熙三年開建寺有彌陀道場杭僧元照書額門外有橋亭名麗句亭刻唐以來名士詩最多先唐時雲門止有一寺後乃裂而爲四雍熙者戲堂也顯聖者看經院也壽聖者老宿所棲庵也有宋高宗御書傳忠廣孝之寺六字碑寺之前有辨才塔今按虞集所撰記言雲門言廣孝其沿革有分合矣寺在雲門者皆得稱以雲門今雲門與廣孝號分爲二而山中有六寺之目題咏自昔共之無從分屬聊附于後云

唐宋之問宿雲門寺詩雲門若耶裡泛鷁路纔通負緣綠篠岸遂得青蓮宮天香泉壑滿夜梵前山空漾漾潭際月飄飄杉上風茲焉多嘉遁數子今莫同鳳歸慨處士鹿化聞仙公樵路鄭村北學井何巖東永夜豈云寐曙華忽蔥蘢谷鳥囀尚澁源桃驚未紅再詠期春暮當造林端窮庶幾蹤謝客開山投剡中

又遊雲門寺詩維舟探靜域作禮事尊經投跡一蕭散爲心自杳冥龕依大禹穴樓倚少微星沓嶂圍蘭若迴溪抱竹

是覺化塗砌白甘露洗山青鴈塔騫金地虹橋轉

翠屏入天**宵**現景神鬼晝潛形理勝常虛寂緣空自處靈入禪從鴿繞說法有龍聽刼累終期滅塵窮且未寧搖搖不安寐待月詠巖扃（秦系宿上方詩）禪室遙看峯頂頭白雲東去水常流松間倘許幽人住更不將錢買沃州（郎士元詩）古寺千家外閑行得蹔過炎氣臨水盡夕照傍林多境對知心妄人安覺政和繩床搖麈尾佳興滿滄波（又）寒山白雲裏法侶日招攜竹徑通城下松門隔水西同期沃州去不作武陵迷彷彿心知處高峯是會稽（孫逖詩）繫馬春溪樹禪門春氣濃香臺花下出講坐竹間逢覺路山童引緣行谷鳥從更言窮寂滅迴策上南峯（僧皎然詩）共是竹林賢心從貝葉傳說經看月喻開卷愛珠連清淨遙城外蕭條古塔邊應隨北山子高頂枕雲烟（劉長卿送靈澈上人歸雲門）蒼蒼竹林寺杳杳鐘聲晚荷笠帶斜陽青山獨歸遠（僧靈一詩）虎溪閑月引相過帶雪松枝掛薜蘿無限青山行欲盡白雲深處老僧多（顧况詩）

野人自愛山中宿况是葛洪丹井西門前有箇長生樹夜半子規來上啼〔陳羽送靈一詩〕十年勞遠別一笑喜相逢又上青山去青山幾萬重〔杜牧詩〕長松落落勝天台佛殿經窗半嶺開郭裏鐘聲山裡去上方流水下方來〔釋佛印詩〕一陣若耶溪上雨雨過荷花香滿路拖川縱步入松門寺在白雲堆裡住老僧迎笑尋茶具旋汲寒泉烹玉乳驪魔驚散骨毛清坐看秦峯秋月午明山小鳥亂相呼松杉竹影半窗戶今人徹夜歌匡盧作詩先寄江南去〔嚴維詩〕中今遺跡在仙郎此夕過潭空觀月定澗靜見雲多竹翠烟深色松聲雨點和萬緣俱不有對境自垂蘿〔陸游詩〕花過木陰合溪雲生暮涼牛行響白水鷺下點青秧古寺宛如昔樨松森已行者年不下欄童子爲燒香〔又〕小住初爲旬日期二年留滯未應非尋碑野寺雲生履送客溪[illegible]雪滿衣親滌硯池餘墨漬臥看爐面散烟霏他年游宦應無此早買魚簑未老歸〔又謀壽聖院記〕雲門寺自晋唐以來名天下父老言昔盛時緣山並

溪樓塔重複依巖跨壑金碧飛湧遊觀者縈日乃遍雖寺中人旬日不相覿也入寺稍西石壁峯爲看經院又西爲藥師院又西繚而北爲上方已而少衰於是看經別爲寺曰顯聖藥師別爲寺曰雍熙最後上方亦別曰壽聖而古雲門寺更曰淳化一山凡四寺壽聖最小不得與三寺班然山尤勝絕遊山者自淳化歷顯聖雍熙酌煉丹泉闚筆倉追葛稚川王子敬之遺風行聽灘聲而坐蔭木影徘徊好泉亭上山水之樂饜飫極矣而亭之傷始得支徑逶迤如綫修竹老木怪藤醜石交覆而角立破崖絕澗奔泉迅流喊呼而噴薄方暑凜然以寒正晝仰視不見日景如此行百餘步始知壽聖嶄然孤絕老僧四五人引水種蔬見客不知拱揖客無所往而去僧亦竟不知辭謝好奇者或更以此喜之今年予來南而四五人者相與送予至新谿且曰吾寺舊無記願得君之文摩刻崖石予異其朴野而能知此也遂與爲記然憶爲兒時往來寺中今三十年雖益古竹樹益蒼老而物色益幽

奇予亦有白髮久矣顧未知予之文辭亦能少加
昔否寺得額以治平某年某月後九十餘年紹興
丁丑歲十一月十七日吳興陸游記（元虞集撰寺
記）今天下名山爲佛氏之奧區者有五臺峨嵋廬
阜衡嶽天台之屬皆雄高奇偉非堅志強力忘年
歷險者不足以窮其勝也其在國都會府貴重嚴
閎游者以瞻望爲艱而一丘一壑昔人遺跡之所
在其細大盛衰又不可以一槩論也然則以風致
言之其惟會稽雲門乎曩斷江禪師恩公住吳郡
之開元則章太守賦詩之地予適吳興之遊未嘗
不過雲門也蓋會稽有剡溪鑑湖蘭亭東山禹穴
六朝以來幽人勝士之所經歷好事者喜傳之且
其爲郡地偏而安俗醇而秀非有靈怪瓌異以蕩
人心而故家遺俗流風餘韻接千歲而不泯民田
沃澤可以自給無風塵陸梁之虞干戈不及士大
夫尚文而好靜樂仕是邦者或不復思去有餘不
至于後不足不至于陋海內未有能過之者予先
世自永興公始仕於唐陪葬昭陵遂封其郡爲雍

人永與公之父太傅公墓猶在定水院後也後遷謁而至于予蓋二十世矣故聞愚公之說悠然發鄉之思且雲門之爲寺在秦望山之麓寬衍紆餘無捫歷之勞千仞可以翺至其人不厭賓客終年忘歸精舍靜居環數十里絶凡俗勢利之紛紜豪望之高巖林分江海一覽而盡得之古人所謂山川景物應接不暇者東峯西巒不出於從倚之從容而茂林脩竹崇山峻嶺之類又詎可一言盡乎自與愚公别二十有五年雖隔存歿而雲門當往來于懷既於是雲門僧住漂水開福者曰清昱使其徒前龍潛侍者法堅來請雲門寺記則猶有愚公之遺意也其言曰寺本中書令王獻之舊宅東晉安帝義熙三年有五色雲見其上事聞安帝是以有雲門之稱高僧帛道猷始居之前有法曠之幽棲中有竺道一從猷之招而至後支遁道林講經於此山焉逮至梁代受業雲門則有洪偃避兵續雲歸葺廬舍結衆厮業智永名法極住軍七世孫書有家法其兄子惠欣亦同家能書與永禪

名武帝重之改號永欣寺知果其弟子智稽其兄
師也皆以善書聞辯才永師之孫世傳寶藏右軍
蘭亭修禊序唐太宗使御史蕭翼以計取之其人
也六祖慧能禪師說法曹溪時秦望山有尋現在
弟子之曰代宗時茂亮以法師教內庭不自安而
歸其學者曇一律師與之終老山中弘明法師誦
法華經而瓶水自滿靈一靈澈兩律師皆有盛名
於是時徹通禪觀詩文藏秘府數百年來與地相
發因而聞者則有任公釣石陶隱君書堂葛元井
何胤基謝敷宅鄭弘泉唐人之與寺僧游而見諸
吟詠者則有王維杜牧之宋之問顧況劉長卿元
微之嚴維郎士元皇甫冉之流唐武宗會昌沙汰
寺毀宣宗大中六年觀察使李褒奏請重建賜號
拯迷寺五代之亂淨侶散去海晏居之爲石霜諸
弟子則青原石頭藥山道吾之緒也度人傳派以
甲乙主之然門人去而爲禪爲教爲律不一也晉
高祖天福中子蒙作上菴宋建隆壬戌希晏作看
經院開寶壬申重曜作永興懺院曜從天台韶國

師學淳化五年又改曰淳化寺天禧中清外蘊言
志智圓智端皆以其爭行願力大修其寺慶曆七
年國子博士齊其造山門殿棟有皇祐元年之識
焉彥強仲皎有詩名禪照大師者楊文公億錢太
傅惟演王學士隨皆賦詩送其歸雲門是時明教
嵩禪師嘗過之比至蜀還有詩賦其懷慕之意諸
方誦之咸淳中宋且丞廣勤居之勢家奏爲墳寺
更曰傳忠廣孝之寺云寺舊地田山三百餘畝郡
於宋南爲畿甸將相家若韓若陸若賈寺多所施
與爲師者求弟子極慎重祝髮於寺者多衣冠子
孫是以至于皇元而日加盛其寺凡十二房曰紫
霞丹井凝暉朝陽長春雲壑西巖東隱東院東谷
東巖寂照寺常推尊宿以爲之主收租賦供給寺
事每四房每歲擇一人以相之豐則分其羸儉則
助其不給又築三庵于勝處曰龍山紫霞之曇密
曰慶雲東巖之善用曰深居則丹井之允若也僧
皆修潔樂其幽閒不事馳騖是以能久安山川之
勝焉乃相與謀曰前代之可書者多矣而湮沒無

聞其可慨乎各錄其所知于書者兄若清昱起濬
也其參伍不齊則會諸法壓而得之數人者又皆
能詩善書其所由來遠哉今雲門有寺六廣孝顯
昱諸公所居也上菴曰廣福看經院曰顯聖永興
懺院曰雍熙西曰普濟南曰明覺各有勝地歲月
可書茲不盡記云（項斯詩）松巢重重霞孳微黃昏
溪上見人稀月明古寺客初到風度閑門僧未歸
山菓經霜多自落水螢穿竹不停飛中宵能得幾
時睡又被鐘聲催着衣（王鎡詩）慘澹楓林斗竹雞
冥冥山路曉光微花間宿霧侵衣重石上春泉帶
雨飛境好不妨俱入眼心閑到處是忘機天涯依
舊生芳艸何事王孫去不歸（釋如蘭詩）溪閣重重
翠掩遮無時雲氣濕袈裟千峯樹色藏朝雨六寺
鐘聲送晚鴉筆塚天寒收柿葉茶壇風雨掃松花
倦游每憶消閒地早晚扁舟問若耶（韓性天香閣
詩）欄干曲曲亂雲封回首爐峯翠幾重上界剛風
秋萬頃銀河開徧碧芙蓉（林鴻詩）龍宮臥水國鳥
道入林蘿海潤疑天近山空月色多鶴歸僧寺老

松偃客重過便欲依禪寂塵纓可奈何（王㭿詩）齋
橋千古在流水自淙淙芳艸去來路白雲高下峯
唐僧空舊塔晋士有遺蹤麗句獨延佇忽聞斜日
鐘（劉基詩）若耶溪頭過新雨雲門寺前芳艸長好
將薜荔紉衣帶更取辛夷結佩纕綠鬢朱顏非昔
日茂林修竹是他鄉東風且莫吹花盡遠客傷春
易斷腸（毛鉉詩）積雪蔽招提空壇夜一白開門不
見人鳥棲山正寂疎星帶長汀淡月照幽壁遠樹
看欲無近水聞更滴仿觀雲外岑忽現青蓮色此
境定安禪何為迷所適（陶望齡詩）叢竹生鞭聽指齊
石橋重訪古時題谷雲不出催成雨磨尨初鳴已
漲溪日氣忽穿殘蜺斷亂山蘇在夕陽西秦那解
譯隨君讀昔碑從高不濕泥文梅季豹見訪同爲
雲門禹穴之遊（詩）白草黃茅爾一槩茶鎗何意入
雲裁練江秀句今如謝[illegible]續[illegible][illegible]華屋[illegible][illegible][illegible][illegible]
眠秋到寺石亭晝聽雨[illegible][illegible][illegible][illegible][illegible][illegible][illegible][illegible]
取瀰光爲洗杯（劉宗周詩）石尺溪頭[illegible]竹[illegible][illegible][illegible]
送別寺門前半生最是[illegible][illegible][illegible][illegible][illegible][illegible][illegible][illegible][illegible]

又二首遊興一番醲兩謁雲門道自南不盡谿山供野鹿幾茂多宮窗老柰秫風隨樵徑知朝暮廚減維摩可二三此日寄聲同調去故人今已卜茅菴

陳治安雲門遇雪詩春日負笈二三子步來遇雪雲門山一片雨片地未濕五里六里松已班過橋買屨那當屐叩門借蓋許早還山深日晚樹逾白寺前人家溪潺潺

佛果寺在縣東南七十里有東西駱駝峯九井巖鳳凰窠鑄詩竹塔院諸勝順治三年僧融一重修弟子慶瞻闡法于江陰陶履卓題聞禪時助唄護法借開山

雍熙院在雲門寺南一里十步初僧重曜于極迷寺之西建懺堂號淨名庵宋開寶五年觀察使錢儀廣之爲大乘永典禪院懺堂在佛殿後法堂前當時觀音像猶在雍熙二年改賜今額紹興元年賜尚書陸佃爲功德院院額錢惟治書院前橋亭曰好泉亭取范文

正公巖有好泉來之句又有牧菴朝陽亭及范丞
相純仁兄弟章樞密粢會舍人鞏晁侍讀說之江
少鄉緯廉博士布題名〔吳越忠懿王遺重曜第一
書〕報雲門山爭名庵長老重曜令差人齎到白乳
茶二十斤稜瓷香爐一隻銜香五斤金花合盛重
五十兩仍支現錢一百千文足陌可親入懺保安
遣此示諭不具押字付〔第二書〕報越國雲門山靜
名菴長老重曜昨據節度使錢儀申所請為宮中
入懺保安事具悉師心鏡絕塵衣珠無類修釋氏
務三之訓得淨名不二之宗湑掛錫寶坊棲真玉
笥節使素欽于景行遠有來聞國家因馨於精誠
遂可其請況齊峯正聳炎景斯熾非坐非行煩勞
精進傾心引領尤媿忠勤今則再賜到乳茶三十
斤乳香三十斤至可領也夏熱想得平安好故茲
告諭想宜知之不具押字付
長老重曜二書俱勒石存院
〔顯聖院〕周顯德二年於拯迷寺石壁峯前建號看
經院宋乾德六年賜號雲門寺至道二年

改今額院後有王子敬筆舊有經藏甚靈異院嘗無主僧或毀其法堂以修圃節然經藏如故已復小葺僧童無產業賴經藏以給歲久寺圯

壽聖寺在縣東四十里 卽古壽聖院雲門寺老宿所棲庵也晋天福六年建初名上庵宋熙寧二年賜壽聖額因年遠寺圯康熙年間僧慧雲仝友道岸得石碑于荆莽間洗而視之乃古壽聖院碑遂復創爲寺

晋濟寺在縣東四十里 宋乾德元年盧文朗建卽晋鴻明禪師誦經之地何充累請聽經故又號何山院明初毀進士阮商霖捐貲重瓬且捨田百畝爲寺僧供養僧入德之旁設亭堂立主以祀至今其子孫俎豆不絕明劉基詩偶從靈峯來遂作雙峯遊雙峯何峩峩俯仰耶溪流炎天正埃欝欲往安所投喜見農事成秔稻滿中丘步入古寺門洵美無與儔深池對曲路水

木自深幽飛蘿冒松栢上有猿與猴登樓散煩熱坐輿山綢繆更愛山下泉泠泠濺陰溝青苔闕修竹竟日涼風留披軒眺西崖煥若丹霞浮神劍去安之起望空斗牛沉思終永夜月白銀潢秋

明覺寶掌寺在刺涪山郎古明覺院去雲門二里唐開元十八年建宗一有記載在傳燈治本會昌廢晋天福八年復建有寶掌禪師天泉諸塔亦有碑而其說荒惟不可考質然上有宴坐巖洗骨池天泉諸勝頗幽絕可愛門外諸峯如椰椰州所謂林立四野者入門石壁屹立盛夏爽然如秋崇禎年間山陰祁駿佳復建請雪丁住持而寺復完【宋王銍寺中見晚梅詩】遙山天際歛眉峯清淺溪邊淡粉容落月寺橋人獨坐一燈明滅數聲鐘【陸游詩】細路盤青壁登軒倚碧空天香散塵外僧梵起雲中藤絡將頹石風號不斷松尤憐扶杖處直下數飛鴻【元韓性修寺記】沿邪溪而南十里許是為雲門溪回路轉蒼崖壁立佛燈僧梵危出山半稍上舉武數十步俯視飛鴻

遠數衆巘山門横陳是爲明覺寺寺有蒼石纍纍

是爲燕坐巖循廡而西有小浮屠是爲寶掌師塔

按舊碑師西印上人生周威烈王丁卯年魏晉間至中國唐貞觀中築庵浦江使人爲眞像像成謂其徒吾始願住世千年加七十二表世壽也吾歿後六十年有僧取吾骨塔於他山愼勿止之言訖而寂乃顯聖二年丁巳正月初九日也其徒爲浮屠以塟五十四年當唐永隆二年有僧自雲門至剌浩詣塔作禮祝曰吾與塔有緣塔當自啟繼而塔戶頓開僧携靈骨於此土因塔建寺寺燬於火塔巍然獨存僧因舊地稍營葺之寺亡誌記吾聞異境必有異人居之異境不越寰宇之外而異人固罕聞之雖佛祖亦人耳上壽一百二十人之所同師獨于歲而加世壽焉誠異於人矣其果然耶是皆昧無生之源而揭厲乎貪生之末流也故或以爲疑嗟夫佛祖壽命無窮常人壽命亦無窮小智自私忩失眞我成住壞空之相尋認一漚爲溟渤三壽之期亦人間意也佛祖憫焉故世雄以無

生爲至而有無量壽之名師住世千歲有餘而奉頭泥洹之相示人生滅以破顛倒之見耳綜實而言千歲之遠與彈指何異予觀于此山水流花開霜飛葉落師之妙用無一日而不在也夫法身常住故招提常住與葺一時可以記可以無記雖然諸相不離實際記之是也遂書其歲月使刻之石塔之建以唐永隆二年寺之建以開元十八年賜明覺額于治平二年毀于至元二十年後寺復完道自有碑記〈陳治安詩〉探古獨傳虎豹穴洗骨池清漱冰雪禪宮廢盡塚纍纍休問高僧千歲禍〈祁彪佳詩〉出郭清興多停棹出村暗夢繞平原幽逸懷不能且曉色傍筍輿落星光欲斷遠峯衣上青烟盡路猶細轉徑入西渡鐘响霜嶺半遙契雲外儔庶慰浮生願前溪風葉翻縹緲梵聲亂想似盧山幽知茲社未散〈陶履卓寶掌寺與宇广話別詩〉古之寶掌寺悠悠雲門中尋遊不道遠溯筏指飛鴻陟巘議巢居飲澗窺蟠螭撫樊夫引歸路乃至寺蓮宮微言有冥契宛見君子風如何笑別處日出

東林東岡前嶺猿寂梟梟梟聞霜鐘

泰寧寺在縣東南四十里周世宗時建宋陸佃請爲功德院賜名證慈米芾書額外築亭曰慶顯紹興初以其地爲昭慈孟太后攢宮遷寺於山南二里白鹿峯下賜名泰寧而徙澄慈額于曹娥其後宋六陵皆在此地故寺益加崇葺至明永樂中災正統中遣北京僧德顯重建戴冠詩寺門斜掩獨鳴騶山色留人晚更堪雨後踈螢明宿艸日邊歸鳥背晴嵐龍函經古神呵護骨塔年深鬼嘯談惟有道人星月下焚香猶自禮蘿龕劉棣詩繚繞烟花又十年青苔自石尚依然穿雲冉放登山屐好事兼攜載酒船石谷聽鶯春雨歇野田飛雉麥苗鮮五峯白鹿天台路不是乘槎牛渚邊

東山壽寧寺在縣東三十里大亭山宋陸佃部傳所建方建寺

時祠部年逾六十手植稗松人或笑之及没年九十松皆爲喬木矣〔明〕季本詩北海經長在東山寺不磨眼空隨世界門古蔭藤蘿牢落無僧住幽偏有客過我來遊已遍風景竟如何

〔寶山證慈寺〕在謝憇臥獅山下　周世宗時建宋陸佃請爲功德院後以其地爲哲宗昭慈孟后攢宫復于外建一泰寧寺而徙證慈于曹娥廟側至明季毁于兵火康熙戊申趙鼎元延洞宗時一寂現募資復移額于此而重興焉襟湖負山控帶林壑最爲雄秀而香幢紺宇金碧輝映遂成寶刹有存焉禪師之塔〔唐〕嚴維詩招提遠望翠微開萬壑烟霞絶點埃花霧香迷行道徑松陰京覆講經臺石潭水黑龍常蟄琪樹風清雀正回公暇偶來成勝賞此身疑是到蓬萊

〔稱心資德寺〕在稱山下　梁大同三年建唐會昌中廢大中五年觀察使李褎

重建寺前有馬跑井毀之後爲三考功堂以祀唐
宋之問明郭傳章敞皆考功郎也宋元豐五年邑
令曾公亮重修明永樂十九年太史章敞重修嘉
靖間被倭焚毀崇禎八年給事章正宸進士章重
延邀宗内衡銓重建大殿康熙九年御史顧豹文
進士章貞同僧成濬重建禪堂方丈其山共四百
六十餘畝勒有碑石〔嘉泰志云〕稱心在唐爲名山
與雲門天衣埒宋考功之問守會稽時有遊稱心
寺詩考功詩名冠冕一代李適以爲自康樂以後
殆爲絶唱此詩尤高絶信乎其似康樂也又有唐
律二篇見集中雲門天衣至今遊會稽山水者必
至焉惟稱心在海隅僻遠寺又蕪茀故詩人騷客
有終不一到者名亦晦而不彰豈獨人材有不遇
哉〔唐宋之問詩〕步陟招提宫北極山海觀千巖遞
縈遶萬壑殊悠漫喬木傳夕陽文軒劃清漠泄雲
多表裡驚湍每昏旦問予金門客何事滄洲畔謬
以三署資來刺百城半人隱尚未弭歲華豈兼玩
東山芝桂芳明發坐盈嘆〔又〕釋氏懷三隱清襟謁

四禪江鳴潮未落林應月初懸寶葉交香雨金沙吐細泉望諧舟客趣思發海人烟顧攊仍留馬乘杯久棄船未憂龜負嶽且識鳥耘田埋契都無象心寘不倚基安期庶可揖天地得齊年〔方干詩〕水本深不極似將星漢連中州惟此地上界別無天雪折停猿樹花藏浴雀泉師爲終老意日日復年年

〔白塔寺〕在白塔山 唐獨孤及〔詩〕賀監湖東越嶺灣地形平處有禪關塔高影落門前水茶熟香飄院後山幽谷鳥啼青檜老上方僧伴白雲閑有人若問廣陵散叔夜曾經到此間

〔天華寺〕在縣東六十里 周廣順年間建始名無礙浴院宋至道二年勅賜今額因興廢不常没爲丘隴明嘉靖間陶章二姓捐貲復建天啓三年越中士紳延請湛然爲開法始祖寺當孔道接衆繁苦 湛然達虛增置田百拾畝道源復置田百畝飯僧陶爰中有記勒石宋呂

許公詩云賀家湖上天華寺面面軒窗向水開不是閉門防俗客愛閒能有幾人來皇甫庄鷄山有稱天華寺者以東關天華寺久廢而存其名今攷正湛然命弟子憨木住持寺南爲文昌閣閣下祀賀知章簽判范紫閣建築塘放生深碧可愛

福慶寺在縣東七十里　晉將軍何充宅世傳充嘗設大會有一僧形容甚醜齋畢擲鉢騰空而去且曰此當爲寺號靈嘉充遂捨爲靈嘉寺寺有于闐鐘大中祥符六年改今額

泰安寺在縣東南四十里　晉永和年建有觀音巖羅漢壇遺址僧若濟修

方廣寺在縣東南八十里　宋時萃嚴寺之下院

延安寺在縣東南七十里黃龍山　宋建隆元年建號護國保安院治平三年改今額舊有樵雲樓今燬于火　明僧懷讓題樵雲樓詩　天峯結小樓旭日隔林丘拂檻不

雲重捲簾花雨浮鶴分雙樹蔭龍借半潭秋忽動
九江興尋詩來上頭讓師不知何地人嘗遊會稽
諸寺題
詩甚衆

清修寺在縣東南八十里晉開運三年建號清泰院治平六年改今額明

劉基詩華池浸浩月高下共清瑩烟如長明燈飛
入大圓鏡又疑鉛汞爐伏火發霄映層軒開九秋
萬象出昏暝月來池色動月去池色定窺臨足遊
適玩味見心性玲重無生侶於焉托清淨宴坐六
塵空百魔
從律令

樊浦寺在縣東北四十里齊永明二年建號淨念寺會昌廢漢乾道三年
陸君泰重建治平三年改今額古名

總德寺

資聖寺在縣東四十里陶堰之東地名毗墟漢乾祐元

年建號誦福院宋祥符中改今額俗呼毗盧寺

護聖寺在縣東四十里周顯德元年建院有磚塔因號千佛塔院大中祥符元年改今額

澄心寺在縣東六十里唐景福二年錢鏐建周顯德五年改水心院治平三年改今額（孫逖詩）郡府乘休暇王城訪道初覺花迎步履香艸藉行車倚閣觀無際尋山盡太虛巖空迷禹跡海靜望秦餘翡翠巢珠網鵾鷄開綺疏地靈資淨土水若護眞如寶樹隨攀折禪雲自卷舒晴分五湖勢烟合九夔居生滅紛無象窺臨已得魚嘗聞寶刀贈今日奉璃居康熙七年[illegible]鷲林同德月修

崇勝寺在縣東南九十里晉天祐七年建號保安院治平三年改今額

廣愛寺在縣東南一百里漢乾祐三年於古寶安寺基上建號德政院大中祥符元年改今額

寶林寺元農元年以一界鎮接待院建請此額

妙峯寺在縣東二十里唐光啟二年蔡郁等下古靈山寺基建山門舊有石橋跨溪石牌坊一古扁二一書靈鷲山一書妙峯寺永春侯王寧聿明天順五年僧如瑾恩祠同立崇禎十三年太史余煌延僧慧融重修康熙十年洞宗指源建文武祠于水口爲下院其地董文簡子孫公捨〔祁彪佳詩〕晨阮曾開到此游仙人錯認武陵丘妙峯頂上中宵月何異深橋水面浮〔余增遠詩〕萬疊青山浥翠微鐘聲敲動白雲齊輕舟夜靜螢爲火黠石年深蘚作衣彭澤掛冠陳懶折富春垂釣性難移閒游方外須行樂洞浦溪邊聽鳥啼〔荊州宋學朱贈指源詩〕山陰緣肅禮越國讓偏

舟雨過秦峯翠風和鏡水悠悠客來三徑寂茶話一亭秋指點溪邊石時時解轉頭寺有十景題咏甚多

化城寺在縣東南四十里周顯德二年於古皇城院基建

金峯寺在縣東南六十里舊名鷲峯寺

永福院在縣東七十步晉天福四年吳越文穆王建

廣福院在縣東南四十里秦望山下晉天福中僧子蒙始創爲寺即雲門六寺中之一也明嘉靖間觀燬于火唯千佛閣獨存崇禎壬戌冬僧闇然復建周都諫洪謨贈以今額

普濟院在縣東北八十里孔浦後唐長興四年建號典禪院大中

祥符元年改今額明劉基詩過江上西風一葉黄落雞絡緯滿叢篁物華乘興看多好時序逢秋速不妨露下星河光瀲灎月明巖谷氣清凉願聞四海銷兵甲早種梧桐得鳳凰

鹿苑寺在陽明洞天內古出蓮鬚處摠兵王楊德卜築書舍今捨爲禪院

隆慶寺在縣東北二十里晋元嘉三年建號長樂寺會昌廢建隆元年重建號興福院大中祥符元年改今額俗名馬山寺

興教寺在天柱峯麓

廣教寺在縣東二十五里晋開運四年建號善訓寺治平三年始改今額

顯聖寺在玉笥山前周世宗顯德二年僧重曜建初名看經院宋至道二年勅改今額寺後有宋理宗祖吳宣憲王陵爲元兵掘毀寺亦隨廢明萬曆庚子大史陶望齡太學張[illegible]

元符契請湛然禪師重建于玉笥山前爲湛然祖亭（陶履平久雪同湛然詩）推松折竹没蹤棱二十年來見未曾誰道仙人能戲玉郎令稱子亦傳燈畏寒已搘經旬醉窺月何妨終夜興總爾齊腰應不動孤心徹底已如氷（祁彪佳詩）遙遙山寺出層雲松竹蕭踈小徑分願大偶逢魔杵下心清忽有妙香熏燈前說法知君遠石上譚經令我欣六載前頭曾到此一番清話又重聞（王亹詩）五位宗開老湛然江東知有洞家禪無孔篴中吹角徵破砂鍋内煮龍鱣半溪月印靈泉出萬竹樓森寒玉娟不斷兒孫登曲彔雲門突出一燈傳

平陽興福寺在黃龍化鹿諸山之中相傳平陽道觀廢基羣峯錯黛翠澗環流眞仙佛幽勝之居觀久廢無事迹可考康熙七年弘覺禪師道忞建閣七楹藏世祖章皇帝所賜御書于其上因閣建殿堂遂爲宇内望刹（唐李湛詩）雲門十里長殿塔明朝陽半夜

風雨至潚山松桂香清猿嘯遠樹好鳥鳴虛廊塵土斯可濯何爲語滄浪（郡司馬孫魯和弘覺禪師詩）千嵓廻合晚蒼蒼路入珠林暑氣凉眞愛遠公棲靜久却嫌元亮出山忙神清崔骨添遐臘號重龍池錫上祥此日宗風符大鑒曹溪越水豈殊方（郡別駕張雲孫贈弘覺禪師詩）紫宸温語錫恩崇御墨猶藏錦罽紅鹿苑經營新傑閣龍髯想像舊遺弓栴檀香繞山窓外花雨晴飛夕界中頭白久知傳法盛伊蒲幸已證支公（又入雲門贈古卓詩）萬壑烟蘿鳥道開石谿精舍暫徘徊鐘聲澗外依泉落雲影壇前近鶴來拂藉青松閒淨義游當自社見詩才浮名遠媿爲身累片廡何因駐講臺

玉泉院在靈峯寺南

福果院在縣東南二里今改爲軍器局

大中祥符寺在縣北落星橋側

崇報院在縣東百步

悟本院在縣東二里今白雲菴即悟本院舊基

圓通妙智教院在縣東南二里即觀音寺先是吳越王錢鏐患目疾醫禱弗愈一夕夢美人以藥饋之即愈鏐以爲神無何有東人在海上以所得沉香觀音來獻鏐竦然曰此即前夕之美人也宋開寶八年少卿皮文燦捨地建寺因置觀音于其中號觀音院熙寧中太守趙抃奏爲祈禱之地賜額圓通宋高宗駐蹕宣賜御書金剛經板初有興福并入圓通

法濟院在縣東南四里

明教院在縣東五里

壽昌院在縣東五里

景德院在縣東六里

崇福院在縣東南二十五里

隆德寺在縣東南二十五里

淨聖院在縣南二十里　唐中和三年齊肇以其祖丞相抗書堂建號水雲塔院治平二年改今額按齊唐集有量葺聖壽寺詩唐自注云初遠祖相國以所居不傘書堂建詩云建中天子寄彌綸築隱商巖舊業存麟筆有文藏册府驅車流慶屬衡門金繩實構新空界劍樹眞遊接九原藐矣諸孫愧前躅脱身仍謝北山猿是院中間嘗爲聖壽寺矣

淳化看經院　廣福僧老宿所栖庵也

妙智院　在董領外清洞宗三照重建

資壽院後名川鑄寺

九蓮院在縣東南七十五里順治年間董氏捨山重建

慶恩院在縣東南九十里

崇仁院在縣東南一百里

大中昭福寺在東南一百里

觀宮

長春觀在縣東二里陳武帝捨宅建初名思眞宋改報恩光孝觀高宗駐蹕于越復建一殿于觀之東遙致朝賀于徽欽二帝至今有黃屋御路之稱元更今名燬明洪武辛亥重建本府道紀司寓焉本縣以爲會造黃册之所具載陸寧記中陸游修觀疏天覆地載之間飲啄皆

由于道蔭跂行喙息之類涵濡悉荷于國恩豈獨忠義之心人人具有抑亦生成之賜物物皆同承惟光孝之道場寔薦徽皇之颷御神祠佛刹尚營繕之相望琳舘珍臺豈修崇之可後某等叨恩冠禄尤職宮廷敢忘夙夜之勤冀復規模之舊既修先朝之遺跡遂新大府之榮觀

明潘府詩　崔嵬宮殿幾經春路接雲門少市塵輦道艸衰王氣杳仙壇花發露華新思眞有客尋丹液光孝何人薦綠蘋惟有春光長自好
年年更換在來人

明眞觀在縣東北一里　賀知章行舘也宋乾道中史浩奏移于秋觀舊額建其中爲三清殿兩廡分享前代高尚之士凡四十一人俗謂之先賢堂又名瀉熈觀明永樂中改今額

陸游修觀疏　一曲澄湖千秋古觀瓊樓玉宇正須月斧之修藥笈琅函未極雲章之奉至於傑閣翬飛於天半長橋虹臥于波心皆擬繕營用成勝絕況丞相肇新於眞舘與郡人仰禱于帝齡覆載

之間其陶化日髮膚之外皆是聖恩願垂不朽之
名更效無疆之祝（王埜詩）賀監風流去不回千秋
宮觀出塵埃數章喬木看濃蔭一曲舊亭空綠苔
弔古人來惟短棹步虛聲杳落層臺不知勑賜黃
冠後誰繼清
風自後來

天慶觀在縣南四里府學東　唐之紫極宮元改元
妙觀相傳即偃王所
居之翁洲（風俗賦注）翁洲在會稽
縣東徐偃王翁洲即此地也今廢

天長觀　即賀知章宅名千秋觀天寶七年改額天
長嘗有道士攜艸屨坐觀門有過者輒與
之已而着屨者脚疾頓愈競相傳布而道士已失
所在故俗又呼爲艸鞋宮今廢爲五雲河泊所○
越人相傳謂明眞觀即賀監宅然所謂鑑湖一曲
者觀中葢無此景今考前志乃知賀監宅在五雲
鄉其地風景宛然如昔而宅
乃爲河泊之廨署也

〔龍瑞宮〕在宛委山下其旁爲陽明洞天道書云黄帝時嘗建候神館於此唐置懷仙館開元二年因龍見改今額宮當會稽山南峯嶂崔崒其東南一峯崛起上平如砥號苗龍上昇臺大抵龍瑞之境尤宜烟雨望之如重峯疊巘圖畫莫及故邦人舊語云晴禹祠雨龍瑞〔孫逖詩〕仙穴尋遺跡輕舟愛水鄉溪流一曲盡山路九峯長漁父歌金洞江妃舞翠房遙憐葛仙宅真氣共微茫〔又〕星使下仙京雲湖喜晝晴更從探穴處還作棹歌行綵管荷風入簾幃竹氣清莫愁歸路遠水月夜虛明〔方干詩〕縱目下看浮世事方知趙嶠與天通湖邊風力歸帆上嶺頂雲根在雪中促韻寒蟲催落照斜行白鳥入遥空前人去後後人至今古異時登眺同

〔天妃宫〕紹興衛一所五每一所領伍者十每一伍置宫者一祀其神以護海運左前中三所之宫凡三十及左所亦有數宫悉屬會稽皆爲營地不賦自知縣張鑑均糧時始賦之與民地同

宮並散處各坊中其圖之大小興廢若占否不一

〔郎瑛七修類稿〕云天界謂天妃莆田林氏女幼契元理知禍福在室三十年宋元祐間有殊異迨元至明前著靈於海如至元間萬户馬合法忽魯循等洪武間漕卒萬人輩永樂間百户郭保俱以海運成化間給事中陳詢嘉靖間給事中陳侃俱以奉使海國危矣而並以天妃免詢之免有兩紅燈數漁舟來引又與合藥以辟蛇害漂流香木合詢得刻其像侃之免有火光燭舟數蝴蝶遶舟黄雀食柁上米食巳風即順激曉至閩午入定海事尤奇天妃今在在競祠其號則忽魯循等奏賜者也

庵堂

〔月池菴〕在永昌坊

〔五雲菴〕在都泗坊

白雲菴在安寧坊

鐵磬菴在稽山坊之春波橋南

雲音菴在第一都前有放生蕩陶董徐張四姓公置

善覺菴在縣東一十二里與少微山相近萬曆二十七年知縣羅相重修碑記黃猷吉撰文王思任書丹陸夢龍篆額雲棲蓮池常住錫于此

廣福庵在第二都一名小浮圖

仙姑菴在稱山巔土人以祀鮑椰二仙姑其來久矣菴側怪石纍纍後臨大海前揖攢宮諸峯最奇勝崇禎丁丑回祿今暫建山下而攢宮之仙姑殿乃另造非改遷也

天華菴在駐蹕嶺

桃源菴在南鎮南幽巖曲徑別一洞天

南天竺菴在南鎮之東山頂上舊名朝南墳堂

鐵壁居菴在望仙橋之上與南天竺相近

拈花菴在三衢埠明洪武間建有古碑舜窰佛像後廢今順治甲午僧湛如重建

天授菴在天荒山董景憲捨山田僧指中建

職峯菴在曹娥西南晉時建明僧止水重脩望先又脩有菴田以供焚脩

太平菴在太平嶺洞宗爾師建

息菴在蒿峯之麓舊址晉開運五年建治平間名爲清泰院康熙年間僧法住建

石屏菴在縣東五

大峯菴在天荒山郎顯聖湛然從妙峯出家之地

雲峯菴在大螺山僧別奇建

曇花菴在日鑄村古名寺基尚寶蓮山窩在僧大生名寂祥

的菴在縣東三十里望仙橋下爐峯之麓面射的山有陽明洞鐘樓址舊傳外雲門六寺有二菴此其一也崇禎壬申洞宗僧淨通闡道於此因拓建焉

孤竹菴在平水王思任建李於蕃內

古艸菴在寧桒僧順心重建

觀音堂在中望花坊城創建不一載仍存之

三官堂在縣前各廟供奉最爲靈應

天樹茶亭在西大坊又名廣蔭庵庵前有千年大樹蔭庇數畝地爲省會通衢台溫孔道順治六年善士傳上林同僧敬遠斐彛太生德光等募置齋僧田百數十畝往來行脚躡屩負笠而至者日以千百計接衆叢林爲越城第一

育嬰堂與山陰同會首劉世洙姜垚王錫祚范嗣任何紹美金宗彛李昭明陸建續虞敬道虞鄉宋運皞傳文升諸公韜同陶國柱丁鴻祖王禎巳屠昌耀倪承彬陳世斌胡登顯各損資建凡有淹溺棄嬰僱乳媼分養之寒則給衣病則療藥屢奉部撫藩臬優奬柴世盛捨田叁百畝儒醫張坤芳施藥不取値

會稽縣志 卷十八

武備志

軍制　訓練　險要　軍需　賞格　軍器

戰船　巡警　保甲

會稽非用武地也有重山複嶺襟江而負海其民

非用武地也以其有重山

而負海民俗尚文則不可無武備也舊

非邑無武備也不足志也　已哉

軍制

宋州縣有廂軍供雜役禁軍供戰守巡徼控扼則有
弓手司之皆以募充禁軍九營雄節係將第一指
揮營在第五廂秦望門熙寧二年置額五百人威
捷係將第二指揮營在第一廂都亭橋大觀二年
置額五百人全捷係將第四指揮營在第五廂秦
望門宣和五年置額五百人全捷不係將第十三
指揮營在第五廂秦望門宣和五年置額五百人
防守步軍司指揮在攢宮禁圍外紹興二年以後
置永祐陵二百五十五人永思陵八十五人永阜

陵八十五人永崇陵七十八人寧宗以後諸陵本應各置衛軍今無考以外四軍以營地不在會稽故不詳錄堰營八營在會稽者二都泗堰營在縣東額二十五人曹娥堰營在縣東南額五十人土軍十三寨在會稽者一曹娥寨額八十人弓手九十五人

元各縣立千戶所以鎮壓各處其所部之軍每歲第遷口糧本縣關支中統十五年九月詔分揀諸所括軍驗事力乏絕者爲民其恃權豪避役者復爲兵

明洪武初設民兵萬戶府揀民間蹶張編伍而訓練之有事從征事平歸農迨兵府革而軍政屬之本郡清軍同知其間有正軍有民兵均受其節制正軍則衛所之軍是已詳見郡志正統十四年詔選民壯令本地官司統領操練遇警調用事竣還田天順元年令招募民壯官給鞍馬器械本戶有糧與免五石仍免戶下二丁以資供給弘治二年令選民壯須年二十以上五十以下壯勇之人春秋每月兩操至冬操三歇二遇警調集官給行糧官司私役民壯者以違役軍餘

例科之正統六年江西寇作詔僉民壯守禦每縣
千餘人十三年減爲六百餘人十九年定爲每里
一人其法按用編僉隨止軍操演保障城邑嘉靖
三十三等年倭寇卒發始設總督軍門及提督軍
務等大臣遠調四川湖廣山東河南諸處水陸官
兵戰守復調保靖永順等宣慰司土兵有司供億
所費不貲卒無成效而本地良家子漸習戰鬭奮
行間且熟諳水鄉地利勇氣倍於客兵如平望之
戰永保宣慰兵皆失利獨浙直鄉兵左右翼擊之

賊遂大潰斬獲幾盡議者始欲專任鄉兵矣崇禎九年中原流寇縱横詔天下各州縣團練鄉兵本縣遵照部文每里各報募鄉兵一名設櫃徵錢如每丁無糧者徵錢十文糧三錢以上者徵錢二十文糧一兩以上者徵錢三十文三十文之外無加馬每名歲給餉錢三千文俱按季給發衣甲器械亦以此錢每年置給選材官爲統練每月以二八日操演以備不時調用又稽核存庫舊器不堪用者命匠修造以給鄉兵嘉興縣志有泰和鄉紳素號知兵者曰鄉兵易潰若

於站脚不定須得營兵以爲前隊則鄉兵有所依
而步伐斯齊矣一百營兵可以率五百鄉兵是以
一百人而得六百之用斯
言可爲用鄉兵之良法

瀝海所千戸一員百戸八員鎮撫二員額軍一千
一百二十名帶管一百名召募一百五名民兵三一
百八十八名

黃家堰弓兵三十四名

皇清
瀝海所設千總一員兵二百名紹興協鎮左營都司王自功移文附
錄康熙十年紹協鎮左營都司王爲修志事內開
順治三年六月內大兵蹊省城至紹郡即丙戌定
越之始也設副將二員守備七員帶兵一千五百
四十名時因初定山賊海寇兩訌當蒙憲慮隨發

旗下總兵官一員臨紹興鎮守統官兵一千六百
員名順治五年間蒙部議始定經制裁去前項唯
額設紹興城守副總兵一員轄左右兩營每營各
設都司一員守備一員千總二員把總四員兩營[illegible]
共副都守千把官一十七員帶兵一千六百名
一步九此經制之額也第初定時山會等共八[illegible]
地方賊寇嘯聚據險盤踞傷殘百姓紹鎮官兵[illegible]
頭遣發直搗巢穴至八年稍有寧宇又海寇連[illegible]
窺伺所屬邊海屢經入犯蒙撫院蕭起元題[illegible]
寇增船流突等事奉文兩營共增兵五百[illegible]
八年間蒙
上差蘇大人查看邊海其溫台寧三府瀕海居民[illegible]
地唯我紹屬止插界旗以內外民生[illegible]康熙二[illegible]
奉文沿海密釘界椿築造[illegible]
設目兵五名十名不等[illegible]
備禦戒嚴康熙三年間蒙部[illegible]
紹興府其紹興府總兵[illegible]
蒙

上差大人[illegible]胡西三位駐劄定海招撫[illegible]
邊每年輪流五六次不等九年間奉撤七年間[illegible]
上差巡海大人邁濟查三位同總督部院趙[illegible]
出巡八年二月內到紹同提督劉議定仍將紹[illegible]
移駐寧波將紹協副總兵同左營都司右營[illegible]
帶千把官八員兵丁六百名照舊回駐紹城其[illegible]
江所安設右營都司一員把總一員兵二百[illegible]
海所設千總一員兵二百名臨山衛設下[illegible]
兵二百名觀海衛設守備一員把總一員帶兵三
百名奉文于五月二十四日紹協副總兵[illegible]
署營房歸還房主胥業荷府縣會議紹協副總兵
暫駐分守道衙門左營都司係兩縣暫借常[illegible]
張宦房屋爲公署右營守備暫駐都泗民房[illegible]
總紅旗百隊兵丁有山陰縣上植下植兩坊提[illegible]
舊駐民房六百餘間安插又有會稽縣中望[illegible]
泗坊提標舊住民房若干間安插右營官兵外及
報誠效用官兵俱兩縣安插庵堂寺院暫駐令實
在官兵除奉文抽調防守外府裁減淨兩營止額

兵一千八百五十名每月共支餉銀貳千肆百壹拾兩柒錢肆分叁厘柒毫糧米伍百陸拾伍石官馬皆官自備共壹百壹拾柒匹兩營軍火器械銃砲鎗刀弓箭棉鐵盔甲鉛鐵彈子等項共貳萬叁千壹百玖拾貳觔件沿海城堡臨觀瀝海三江共五座防邊臺寨連寧波府屬共三十一座內慈谿之松浦古窰淹浦新浦下寶旗山東山共七臺因本標官兵駐防觀海分撥汎兵代防寧屬七臺外紹屬共止二十四臺自蕭山縣龕山臺起至山陰縣烏峯臺龜山臺黨山臺馬鞍臺蒙池臺宋家漊臺會稽宣港臺鎮塘臺桑盆臺判官臺瀝海北門臺上虞縣跡浦臺荷花臺顧家路臺埜橋路臺崔家路臺趙家路臺勝山臺曲塘臺以上沿海縣共二十四臺外尚有蕭山之長山臺餘姚之臨山北門臺二臺皆同時建造今已奉文撤防惟查郡城渠口共二千七百三十六個窩鋪一百十八座外

今又奉總督部院憲文內開觀海衛仍設守備一員把總一員減兵一百名仍帶兵二百名臨山衛

改設都司一員減兵五十名仍帶兵一百五十名
瀝海所千總一員減兵一百名仍帶兵一百名三
江所改設千總一員減兵二百名仍帶兵一百名
沿海各臺兵共計一百七十名今應照舊其餘所
存官兵俱留紹興府城及派防內地各縣城汛
地之用等因遵行在案尚未更換但年深月久檔
殘墜遷吏書不一本司任前無從核實僅以舊卷
衛錄移覆云云

訓練

教閱之法有二一曰營法二曰陣法所謂營法者
六軍營索四十有八前軍赤後軍黑左軍青右軍
白左虞候黃右虞候綠經索五百尺圍索二百尺
衛索五十尺定營工二十四人內十二人掌經索

圍索各一又十二人掌經索銜索各一並以木杙自隨子壕砦六人執隨營索色旗一木椎一都壕砦一人掌營盤一椎一杙一黃天王旗一據營地中然後子壕砦乃分執其事設幕布車浚濠立柵所謂陣法者其別有六一曰方陣四鼓舉白旗則爲之二曰圓陣五鼓舉黃旗則爲之三曰曲陣七鼓舉黑旗則爲之四曰直陣三鼓舉青旗則爲之五曰銳陣二鼓舉赤旗則爲之六曰五陣互變觀大將黃旗周麾則爲之大將之誓詞曰今聚將士

同習戰陣明視旗麾審聽金鼓出入分合坐作進
退不如令者軍有常刑自承平以來帥守入教場
多帽帶皂衫如古輕裘緩帶之意亦或巾幘戰袍
犀玉束帶略與將士同服以示臨事與常服不同
各一說也
府教場自晉以來並在五雲門外唐遷城西迎恩
門外今謂之古教場宋時有大小二所小教場在
臥龍山上嘉定間郡守汪綱以其狹隘廢之大教
場在府署東南五里一百五十步稽山門內明洪

武初遷于府署西南一里三十步常禧門内有演武堂前築將臺其地曠衍可二百畝歲久爲軍民侵牟嘉靖間御史舒汀按節觀兵始正規制築四圍墻東西深二百四十一弓官廳前南北橫廣九十一弓西盡墻南北横廣五十弓總八十五畝有奇

國朝因之協鎮標兵多牧馬於此或時操演騎射并較試武生童弓馬山會同於府教場

險要

三江閘北去府城三十八里山會蕭賴此蓄水宣

防守

抱姑堰西去府城五十二里上連鏡湖下接小江

曹娥壩東去府城九十二里江水湍急隔斷兩岸

偪江而營利守不利戰

石堰東去府城諸水之會可駐兵衛城

駐日嶺西南去府城八十里諸暨界元末袁廷舉

聚鄉兵處

邢浦晉孫恩破謝琰軍處不知何地大約去娥江

不遠以上皆內地宜設備者也

瀝海所隘二一曰施湖隘一曰四滙隘舊以二處海水衝激寇舟易泊特立寨委官一員旗軍五十名守之今廢

烽堠散在瀝海所東路曰棟樹墩曰北海塘墩曰五里墩曰前莊墩曰槎浦墩曰胡家池墩並高二丈三尺築亭于上以瞭遠每墩軍士五人守之有警則晝舉烟夕舉火以爲驗編立傳烽歌并發更籌每夜二一無備禦戒嚴近又增設烟墩寨臺二十處

一在宋家漊與山陰合造　一在宣港　一在桑盆　一在瀝海西滙嘴　一在瀝海所北門　又木樓一座曰鎮詰砲臺一座在判官廟　俱撥兵防守

蟶浦　北對浙西石墩南至紹興府城通連大海若突腹裏由沿江塘路至百官梁湖直抵上虞兵船哨守不可一日少緩以上皆外地宜設備者也

軍需

瀝海所官兵支糧　總載協鎮王自功移文內

沿海漁稅　永樂間漁人引倭爲患禁片帆寸板不

許下海後以小民衣食所賴稍寬禁嘉靖三十年
後倭患起復禁革三十五年總督胡宗憲以海禁
太嚴生理日促轉而從盜奏令漁船自備器械排
甲互保無事爲漁有警則調取同兵船兼布防守
先是巡鹽御史董威題定漁船各立一甲頭管束
仍量船大小納稅給與由帖方許買鹽下海捕魚
所得鹽稅以十分爲率五分起解運司五分存留
該府聽候支用每年三月以裏黃魚生發之時各
納稅銀許其納䑸出洋捕魚至五月各令回港萬

曆二一年巡撫方弘靖復題令編立艅䑸紀甲并立哨長管束不許攙前落後仍撥兵船數隻選慣海官員統領于漁船下網處巡邏遇賊即勦説者曰海民生理半年生計在田半年生計在海故稻不收者謂之田荒魚不收者謂之海荒其淡水門海洋乃産黄魚之淵藪也每年小滿前後政風汛之時漁船出海捕魚者動以千計其於風濤則便習也要害則熟諳也器械則鋒利也格鬭則敢勇也驅而用之亦足以捍敵紐而稅之尤足以贍軍向

乃疑其勾引而厲禁之遂使民不聊生潛逸而從盜矣故緝名以稽其出入領旗以辨其眞僞納稅以徵其課程結䑸以連其犄角而又抽取官兵以爲之聲援不惟聽其自便且貸其扞禦矣豈其取給於區區之稅以助軍興之萬一耶漁船鹽稅則例（大雙桅船）每隻納船稅銀四兩二錢漁稅銀三兩鹽稅銀六錢旗銀三錢（中雙桅船）每隻納船稅銀二兩八錢漁稅銀二兩鹽稅銀四錢旗銀二錢（單桅船）每隻納船稅銀一兩六錢八分漁稅銀、一兩二錢鹽稅銀二錢四分旗銀一錢（尖船對桅船）每隻納船稅□□兩一錢二分漁稅銀八錢鹽課銀一錢六分旗□八分（厫艍船）每隻納船稅銀七錢漁稅銀五□□稅銀一錢旗銀五分近港不捕黃魚止捕魚

蝦柴泥艚網小船）毎隻納船稅銀□□鹽稅銀□
分漁□銀一錢（河條溪船）毎隻納船稅銀三錢漁艙
銀二錢鹽稅銀二錢四分旗銀三分（採捕墨魚紫
菜泥螺等項海味對艙尖船）毎隻納船稅銀一兩
一錢二分鹽稅銀一錢六分隆慶間巡鹽張更化
又題加稅大雙艙毎隻連前共納銀二兩四錢中
雙艙毎隻一兩二錢單艙六錢尖艙四錢八分嚴
艍船三錢六分興河船二錢四分對艙船四錢□

官窰磚瓦

先年衛所各有官窰撥軍數十名取土
采薪燒造磚瓦如遇城堞小損即隨時
修砌止計木灰倩匠工食之費其法甚善後因軍
士凋耗遂行停止少有損壞輙申請□官估計文
移往復經年以致日漸傾頹及至呈□□張□見成
磚瓦聊爲搪塞萬曆三十三年海道□□□嚴査各
衛所窰地基址毎衛撥正軍二十名□□十名專在
窰燒造燒完磚瓦刊寫年分做造姓名塗回本衛
門收貯遇城垜損壞即呈請修葺
毎年燒青磚一千塊瓦二千片

賞格

〔隆慶四年例〕願陞者一擒斬眞倭首級幾名顆查係眞正其功委難例應世襲一擒斬眞倭首級幾名顆功係稍易止終本身願賞者一擒斬眞倭從賊首級查係眞正其功委難每名顆賞銀五十兩一擒斬眞倭從賊首級及漢人脇從首級功係稍易每名顆各賞銀二十兩〔隆慶六年例〕各衛指揮千百戶獲倭船一艘及賊者陞一級賞銀五十兩鈔五十錠在船軍士生擒殺獲倭賊一人者賞銀五十兩陸地交戰生擒殺獲一人者賞銀二十兩水陸主客官軍民快人等臨陣擒斬有名眞倭賊首一名顆者陞實授三級不願陞者賞銀一百五十兩獲眞倭從賊一名顆并陣亡者陞實授一級不願陞者賞銀五十兩獲漢人脇從賊一名顆陞授署一級不願陞者賞銀二十兩〔擒賊功次〕內地反賊一人擒斬六名顆陞一級至十八名顆陞三級係壯男實授幼婦男女與十九名顆以上并不

及數者俱給賞（流賊）一人爲首一人爲從二人或
陣擒斬有名劇賊一名顆爲首者陞實授一級世
襲如不願陞者賞銀三十兩爲從者給賞就陣擒
斬以次劇賊一名顆爲首者授署一級世襲不願
陞者賞銀十兩爲從者量賞就陣擒斬從賊三名
顆爲首者陞實授一級世襲不願陞者賞銀十五
兩爲從者給賞緝獲者不在此例就陣擒斬從賊
一名顆爲首者賞銀五兩二名顆爲首者賞銀十
兩爲從者俱止量賞緝獲者不在此例前項功次
一人自擒斬不分首從者照前陞賞六名顆以上
至九名顆者止陞實授二級世襲不願陞者賞銀
二十兩不及六名顆者除實授一級外扣算共賞
銀一人爲首者二人或三人四五人俱爲從共斬
賊一名顆者不必分別首從共賞銀五兩均分陞
亾者陞實授一級世襲如不願陞者賞銀十兩重
傷回營身故者陞署一級如不願陞者賞銀七兩
一人獨斬隨從賊人十五六歲小首級一名顆者
量賞二名顆者給賞三名顆者加賞當先破敵禮

傷者給賞其不係臨陣緝捕從賊一名顆者賞銀四兩二名顆者賞銀八兩三名顆者賞銀一十二兩四名顆者陞實授一級世襲不賞一人為首或二人三五人為從緝獲從賊一名顆者賞銀四兩不分首從均分　說者曰剿倭之策海易而陸難然水戰又以犁沈賊船為上計縛賊次之陸戰以摧鋒陷陣為上計斬獲次之惟重水戰之賞則賊不得登岸邊民不知有兵四境晏然矣此海防要策也

軍器

水兵長技　軍火互用如賊船離遠則以鳥銃百子銃發貢為先賊船偪近則以長鎗[illegible]

各汛器械有十不圖選習內陸兵講操陸兵長技

長短相濟中哨三隊俱習鳥銃每什以二人習刀

牌二人習狼筅四人習長鎗二人習鈎鐮短鎗暇

時俱習弓弩如鳥銃衝陣則刀牌手護之刀牌手

衝陣則長鎗手護之弓弩鎗鐮手衝陣則狼筅手

護之此兵制之常經也衞所各有軍器局縣署內

有火藥庫今俱廢而藤牌狼筅等器亦俱不設止

用弓箭長鎗鳥銃等項城門有大砲守之每二十

梁又有架砲臺以防不測

戰船

明制沿海原有戰船其名目不一或三年小修六年重修九年拆造或一年二年燂洗三年輕修四年重修五年拆造至

國朝重沿海之防戰船則有鳥船水艍雙篷艍水底攻沙船虎船之類定制五年一修十年一造民間或以爲累康熙四年部院趙廷臣批行官採官造而科派始革說者曰探哨莫便于刀舸衝犁必資于艛艦福船形勢巍峩望若丘山建大將之旗鼓

風行瀚海撲賊艇如鷹鸇此海防第一法也然而轉折艱難非順風潮莫動或造作脆薄又苦颶浪難支唯利深洋耳若小哨叭喇唬之類則追剿便捷易于趍利故好事材官遂爲小船當增大船當減且云於作料爲省不知小船止利於零賊之追捕而不利於大舉之仰攻豈可因噎而廢食耶

巡警

舖舍凡二十一每舖屋一間各具器械以備盜警

府學前舖在上望坊

觀音橋鋪在中望坊

戚家橋鋪在下望坊

都亭橋鋪在東陶坊

金家廟鋪在西陶坊

西竹園鋪在朝東坊

目蓮橋鋪在稽山坊

柳橋鋪在東郭坊

開元寺前鋪　千秋鋪　昌安鋪並在安寧坊

廣寧橋鋪　斜橋鋪　並在西府坊

黃岑橋鋪　大善橋鋪在永昌坊

雙井鋪在東府坊

黃鐵頭橋鋪在都泗坊

長橋鋪　倉前鋪並在石童坊

新橋口鋪在西大坊

小寶祐橋鋪在東大坊

哨探之規各區官兵分撥小哨叭喇唬網船輪流遠出外洋往來哨邏仍與鄰近兵交相會哨烽堠撥軍瞭望遇有警急通行飛報其出哨者撫臺有

單汛兵皆會哨取單憲司仍刊刷哨符發各總照
依派定處所給符往來會哨交符俱塡發日到日
時刻汛畢檢核不許近洋交單其沿海烽堠臺寨
置立循環哨籌每日南北各遞發一籌彼此循環
無分雨夜逐墩遞送傳報不無聲息責令陸路官
置簿登記遞到籌號姓名日時每五日類驛飛報
各將領皆親督兵船出洋哨探遇賊船經由汛地
即從實飛報某處賊船幾隻大約賊有幾何傳報
鄰境分頭防禦應援即急督官兵相機夾剿其違

哨兵船見賊即報不拘定汛地其虛張聲勢及冬
風輕報者核實治罪若賊在洋擄劫而隱匿不報
者處以軍法
大抵倭船之來恒在清明之後前乎此風候不常
難準定清明後方多東北風且積久不變過五月
風自南來不利于行矣重陽後風亦有東北者過
十月風自西北來亦非所利故防海者以三四五
月爲大汛九十月爲小汛其帆檣所向一視乎風
有備者勝

保甲

十家牌式其法甚約其治甚廣果能着實舉行不但盜賊可息詞訟可簡因是而修之補其偏而救其弊則賦役可均因是而修之連其伍而制其徒則外侮可禦因是而修之警其薄而勸其厚則風俗可淳因是而修之導以德而訓以學則禮樂可興也有司之有高才遠識者亦不必更立法制其於民情土俗或有未諧但循此而潤色修舉之則一邑之治可以不勞而致言之所不能盡者各爲

精思熟究而力行之毋徒紙上空言竟成掛壁之名

慮也庶乎其可矣　王守仁

自審康熙十一年

甲共六三千五百八十九

戶共三萬五千二百八十二

丁共七萬二千四百七十五

城鄉各行保甲法每十家爲一甲各書男婦若干

口一甲立一甲長每十甲爲一保立一保長督捕

官按期查點凡盜賊逃人俱令互相盤詰

〔沿海〕居民五家爲伍十家爲保伍有伍長保有保長防察奸民下海有警則協力禦敵

〔府城〕于要隘處各立柵門一更盡則閉五更初則啓十家輪流守視

〔水鄉〕于橋渡處皆設水柵名曰滚江龍一更盡則閉五更初則啓令該地方里長總甲守之所以防萑苻之竊發也若世際昇平又不在此例

會稽縣志卷第十七終

會稽縣志卷第十八

職官志

令　丞　簿　尉　教諭　訓導

職官之志無所取取于邑若校之題名記而表之耳蓋彼之記者遇一官則書曰某遇一師則書曰某不問其人之臧否與無所臧否者也故此之志者考一官則謹書如記曰某考一師則謹書如記曰某亦不問其人之臧否與無所臧否者也間有逸于題名而掛于他書者則謹采而書之亦如前

之不問其人焉同于題名而已雖然亦間有遇其人之賢而不得不問又拘于傳之例而不敢遽入者則爲稍書數語于其名之下此爲異于題名云爾 徐渭

舊志云隋始置縣則吏茲土者亦自隋始顧縣丞不作名佚不傳自隋歷元凡八百餘年僅得令三十有五丞以下不多聞焉明初以來世雖未遠亦缺佚未備姑記其所知者以俟按此昔之所遺令無復補止增其繼起者

唐李俊之開元十四年任有傳　李堯年貞元元年任　李左次二十八年任

竇伯元洛陽人永泰元年任　王溓字濛源臨沂人元和十三年任

孫孝哲清河人大中二年任　吳鐐乾寧二年任有傳

宋曾公亮天聖六年任有傳

謝景溫字師直富陽人慶曆六年任按餘姚縣志謝景初字師厚慶曆七年知餘姚當時王介甫知鄞韓玉如知錢塘景初知姚其弟師直知會稽吳越令長咸視此四公爲法處士孫併爲文記之

劉眞長元豐三年任　宋之珍崇寧四年任

吳俅五年任　韓俅建炎三年任有傳

陸之望

海鹽人。紹興十二年任。進士。王十朋代王尚書辟陸宰狀曰：臣叨膺聖寄，待罪近甸，其所領州號爲浙東帥府，屬邑有八，山陰負郭而最大。近知縣許某到官，及旬浹而遽歿。其後任某亦已物故。緣山陰係是緊切不可缺官處。臣竊見前會稽知縣左奉議郎陸之望爲治寬平，持已廉靜，長于撫字，蔚有政聲，會稽士民僧道等前後屢經本府及監司舉留，政績具存。其人今方罷官，適山陰缺宰，臣遂令暫攝職事，邑人咸喜。臣今欲依條令辟舉陸之望充山陰知縣，以慰一邑上庶之心。臣如妄舉，甘服朝典。伏乞聖慈特賜俞允。

錢某

王十朋啓曰：某官家傳忠孝，世襲簪纓，治所至而有聲，才無施而不可。矧會稽之大邑，實吾越之故封。先王之遺愛尚存，百里之民民易化；況舊令尹之治方結于去思，聞今大夫之賢益抉于先覩。靡俟報政，佇膺迅除。某竊繁懷慙，備員無補，幕中贊畫，叨爲王儉之下僚；堂上鳴絃，行覩單

父之美化
范嗣蠙字益中蘭谿人進士紹興二十一年任
李大正建安人乾道中任　楊憲淳熙九年任　吳祖義淳熙中任
王時會四明人紹熙五年任　歐陽汲嘉定三年任　吳行可嘉定中任
董楷端平三年任　高彭松陽人淳祐中任　蔡攀龍淳祐八年任

元

達魯花赤以蒙古色目人爲之監縣事兼課農收掌縣印
先帖木兒登至元三年任　不兒罕忽里四年任
李誠十九年任　吳晋二十六年任　王文質三十年任
亦福的哈魯丁表大德七年任　胡忠至大二年任
陳八里台延祐二年任　霍文輔大定四年任　哈剌哈孫天曆二年

呂誠 元統元年任有傳　夏日孜 至正四年任　趙天祥 十一年任

周舜臣 十九年任有傳

明

戴鵬 洪武元年任有傳後改山陰　王宗仁 二年任有傳

凌漢 河南人十九年任有傳　李照祿 二十一年任　余善慶 二十五年任

鄒魯 二十九年任有傳　周寅 永樂三年任　朱孟章 五年任有傳

王悰 十七年任　陳暐 宣德五年任有傳　孫熙 正統元年任

王倫 四年任　曹愬 五年任　劉仲[illegible] 七年任

曾昂 十三年任有傳　尹昌 景泰七年任　陳[illegible] [illegible]年

李毅 永平人[illegible]成化元年任　劉准 章丘人七年任　郭琪 [illegible]十二年[illegible]有傳

吳珍 沭陽人進士十四年任
巫瑗 豐城人九年任
韓祥 二十二年任有傳
陳堯弼 弘治三年任有傳
楊溢 無錫人進士十年任
王鍇 [illegible]進士十六年任
單麟 新都人舉人十八年任陞太僕寺丞
陳玉 輝縣人進士正德四年任以御史出知縣事陞僉事
李懋 丹徒人舉人六年任
黃國泰 臨清人進士八年任陞南京戶部主事
楊來鳳 十年任有傳
徐岱 威遠人進士十三年任陞御史
高世魁 十六年任[illegible]
林魁 閩縣人舉靖五年任
丁文儒 桂林人進士十七年任
王發 華亭人進士十一年任
牛斗 正陽人進士十五年任
吳希孟 武進人進士廿年任
華舜欽 無錫人進士二十一年任

張鑑二十四年任有傳　唐時舉咸寧人進士二十七年任

陳懋觀長樂人進士三十二年任蒞任兩月以憂去民懷其惠會山陰缺尹衆乞補之

古文炳番陽人進士三十四年任

張進思沁州人進士三十八年任

莊國禎晉江人進士四十二年任

傅良諫臨川人進士四十六年任

楊節祥符人進士隆慶四年任　楊維新丹徒人進士萬曆元年任

馬洛如皐人進士四年任陞通判

吳達可宜興人進士五年任御史

劉綺 沔陽人進士七年任陞南京戸部主事

曹繼孝 黄岡人進士十二年任陞同知

林廷奎 福清人十八年任　羅相 新建人進士二十一年任有傳

翁愈祥 常熟人進士有傳　戴九元 瑞州人進士　趙士謌 有傳

史垂則 有傳　彭汝楠 福建人有傳　黄鳴俊 福建人進士

陳國器 福建人進士　孫璘 湖廣人　張夬 南京人進士

林逢春 廣東人進士　周爍 吳江人進士　楊鵬翼 山西人進士

皇清沈文理 順治三年任陞知府　黄貞 四年任　崔宗泰 六年任有傳

郭維藩　陝西人順治十二年任

黄初覺　徽州人順治十三年任

鎖文昺　河南人順治十六年任

張應薇　四川人舉人順治十七年任

王安世　福建人舉人康熙三年任

呂化龍　廣東人舉人康熙十年任

張思行　遼陽人廕生康熙十三年任

王元臣　崑山人進士康熙十九年任

丞

宋 李知元 龍泉人政和中按龍泉縣志知元崇寧[illegible]未以累舉出官除撫州法曹轉知江陰宦陰志作政和二年任寬簡樂易不苛不擾破召[illegible]國子簿領職恭月改出貳政會稽復除監丞宦[illegible]閘以朝奉郎致仕

趙師郗 朱晦翁婿慶元元年任

元 薛起宗

姜周翰 至治九年任

王元珎 元統元年任

程脫因 至正四年任

彭仲宣 十七年任有傳

郭郁

明 胡中 洪武元年任

陸平 永樂三年任有傳

余仲堅 十七年任

韓英 天順五年任

馬驄 成化元年任

王衡 二十二年任

史瑄 弘治三年任

易坤 十年任

李銳 十六年任

吳能十八年任　楊英正德四年任　袁演六年任

張璠十一年任　朱繪十三年任　張時中十六年任

石繼芳嘉靖七年任　廖振纓十一年任　吳漢十五年任

吳希孟十九年任陞知縣　羅尚介二十年任　徐節二十二年任

金瑤休寧人二十三年任歲貢學邃政淳雖以憂亟去人至今思之

張談二十七年任　孔璉歲貢壽州人三十年任

王珈貴州人三十四年任　韓民彤襄陽人三十七年任

萬民勳南昌人四十二年任　喻南岱新建人四十四年任

羅璧賀縣人隆慶四年任　田槐丹徒人萬曆元年任吏員

郁學恩　姚和陽　唐光威

羅光岳　沙起龍　單士元

龍興霖　曹淑憲　施宗堯

張啟忠　黃萩

官撫煥　順治二年歸順委署縣事效難　贈按察司僉事祭塟廕一子

國朝

張所蘊　選貢順治三年任　歷苑馬寺監正　全際昌

陳調鼎　吳道凝　康熙二年任吏員歷新鄭知縣

趙驥　五年任　拔貢　石今訓　十年任　拔貢　王宗聖　十四年任　歲貢生

會稽縣志　卷十八　職官一　十

宋

林日華 紹興中棄官還鄉王十朋有詩送之曰望秦秦望山葱葱未秋先作歸意濃三山深處孟闔好松菊恨君歸不早拂衣高舉追冥鴻不將詩別乖崖翁年來處士徑尤捷美秩清資等閒躐君特高歌慕隱淪林下何曾見一人芋魁豆飯吾亦有深愧折腰貪五斗

徐翮 按建寧府志翮字元敏浦城人登紹興二十年進士調會稽主簿再任上元縣丞陞知龍泉縣召對除監察御史上陳六事終江東轉運使

元

孟潼 天曆二年任

賈驢 至正四年任

毛彥穎 至正中同彭仲宣傳

明

鍾翀 洪武元年任善隷三友亭記其書也

潘希禹 永樂六年任

趙慶 十七年任

王宗器 二十年任

龔艮 天順五年任

黃仲成化元年任　劉聚十二年任　吳誠二十二年任
陳端弘治三年任　曹憲十六年任　黃楨正德二年任
穆禺四年任　曹振六年任　易昶十年任
張傑十三年任　楊晉十六年任　趙鑑嘉靖七年任
鍾仕達十五年任　蔣環十八年任　徐節二十二年任
盧紱二十七年任　錢可勤丹徒人三十二年任　張恩應天人三十六年任
陸玠廣西人三十八年任　安守義思南人四十二年任　楊初亳州人四十五年任
王建極亳州人四十六年任　唐自治華亭人隆慶五年任　唐琦陽山人歲貢萬曆二年任
趙令　汪太平　馮士元　李憲章　浦謨

尉

米喻叔奇 紹興中王十朋贈詩并序曰叔奇攝會稽公事之暇必訪僕於民事堂終夕論文欣然榻得輒成小詩見意同舍同年友天資迥不羣詩文俊晉宋兄弟類機雲栖市訪山侶蘭亭懷右軍公餘時過我無酒亦論文

梁安老 壇詩名見山川部中何山下

徐次鐸 慶元元年任有傳

趙與權 嘉定中任附徐傳

鄭虎臣 字景召吳郡人德祐元年任按宋史賈似道貶循州福王與芮素恨似道募有能殺似道者使送之貶所有會稽尉鄭虎臣欣然請行似道行時侍妾尚數十人虎臣悉屏去奪其寶玉徹簥蓋暴行秋日中令舁轎夫唱杭州歌謔之每名斥似道辱之備至似道至古寺中壁有吳潛南所題詩字虎臣呼似道謂曰吳丞相何以至此似道慚不能對孫嶸叟王應麟奏似道家畜乘輿

御服物有反狀乞斬之詔遣鞫問來至八月似道
至漳州木綿庵虎臣屢諷之自殺不聽曰太皇許
我不死虎臣曰吾爲天下殺似道
雖死何憾拉殺之人咸稱快焉

元　洪鈞天曆二年任　王恭元統四年任　毛彥頡至正二十年任有傳

明　鄭魯泗州人洪武二十五年任陞本縣知縣　趙斌永樂十七年任

高彬成化元年任　伍安二十二年任　張弘弘治元年任

孫溢三年任　李禪十年任　徐傑正德六年任

張以衆十三年任　林祥十六年任　吳德嘉靖五年任

李廷芳[illegible]年任　王璧十五年任　林希俊十八年任

游世章二十年任

吳成器 休寧人三十二年任由吏員有才幹頗識兵時倭寇四起成器多斬馘越人往往歸其戰處祠之以軍功擢本府通判罷歸

朱自强 蒙陰人三十四年任

李炳 四十二年任

盧梁 潛山人四十二年任

張欽 合肥人吏員隆慶六年任

高文秀 萬曆中任

李慧

何誨

潘文進

陳所任

林大用 六合人

李大德 和州人

李萬 福建人

陳忠 湖廣人

裴必茂

鄒成恐 順天人

張其亮 江南人

清

黃貞 陞本縣知縣

侯國封

龔世德

任文先 順治十六年任

陰如梅 康熙十一年任

教諭

元岑伯玉餘姚人至元二十六年任　王希賢三十年任

王若拙大德七年任　童桂大定四年任有傳　陳起宗元統元年任

張用康至正一年任

明李仲虞天台人洪武二年任　蔣鑄永樂八年任　王原

丘九思正統元年任　楊必達天順元年任　陳華玉五年任

趙英成化元年任　林橙七年任　羅文十二年任

陳崇儒十九年任　陳元祿弘治二年任　徐夢麒八年任

黃相十八年任　楊輔邳州人進士正德四年任

李林松六年任　陳璉十年任　張槩十六年任

陳驥嘉靖七年任　劉有生十一年任　陳來二十年任

徐櫆懷安人舉人二十六年任　張鏊桐陵人三十一年任　陳才沙縣人三十五年任

劉璞長洲人舉人三十八年任　余城莆陽人舉人　錢康華亭人四十四年任

張秉學上海人四十五年任　陳其範莆田人舉人隆慶四年任

劉鈺瓊山人歲貢六年任　蔣璠海寧人歲貢萬曆元年任

黃起先莆田人舉人　徐伯溫蘭谿人　孫性之南昌人

金用明　章國柱四十六年任　陳起淳天啓四年任

葉杰六年任　孫啓文崇禎三年任　章日煇六年任

周祚新九年任　胡[illegible]十三年任　王捷十五年任

吳圭一

皇清

袁象尚順治三年任　王廷[illegible]十三年任舉人　水有高十五年任

葉郁然十七年任　沈象彝十七年任　趙耿康熙十二年任舉人

丁世鴻康熙二十二年任

會稽縣志　卷一八　職官志　一二

訓導

元喻皋 大德七年任
薛元德 天曆二年任
傅巖 至正二年任

明王在 洪武十九年任
王中 永樂八年任
郭全 正統元年任

吳文澄 天順五年任
謝芳 成化十二年任
鄒禮 弘治二年任

徐貴 八年任
崔紀
吳彰德 十八年任

彭賢 正德二年任
陳璘 四年任
張正

王心 十年任
林文昇 嘉靖中任
詹詔 嘉靖五年任

舒哲 七年任
陳善 十一年任
錢勇 十八年任

廖應斗
范希滂 二十三年任
林憲 二十四年任

吳懋臣二十一年任　羅禮泰和人三十一年任　彭遵教萬載人

舒秀三十六年任　徐循序三十七年任　楊文富三十八年任

葉惠民四十二年任　王克一四十四年任　陶賓臨洮人

張彥欽石首人四十五年任　鄭薦蕪湖人四十六年任　陸守忠金壇人

秦濟懷安人隆慶四年任　盛廷鄂臨安人歲貢六年任

姚佑旌德人歲貢萬曆二年任　房棋鳳陽人　楊梓霄開封人

潘文秀新城人　張黻仁和人　何衡武義人

岑懋德　陳日新　倪廷禎

陳其詩　虞時化天啓五年任　李棟

沈煥然七年任
曹令儀七年任
張廷儀
皇清朱嘉徵順治三年委署
曹之楨十六年任

趙賢胤崇禎四年任
陳邦綸
毛元淳十六年任
程瑒七年任
吳　輝康熙十六年任

王陛
舒日新十年任
張有守
張以光十四年任
唐　彪二十七年任

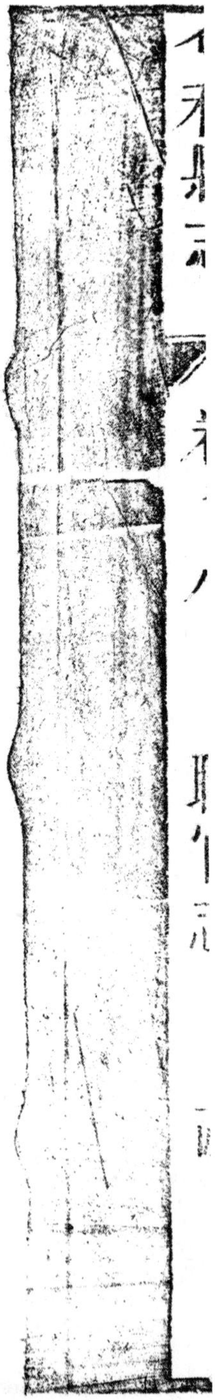

會稽縣志卷第十九

選舉志上

薦辟　制科　貢生　特用

選舉不問其人之何如遇名則書與職官志同取諸科錄以考與考于題名記者同間有書數語于其名之下其例與書數語于職官志之下者亦同故不别論　徐渭

薦辟

薦辟行也科目文也文可飾行不可僞以是有名

於上盧毓之言曰名不足以□異人而可以得常士常士畏教慕□然後有名非所當疾也然東漢之號爲儒者類皆矯情飾行以待薦墓旁艸廬何知非終南捷徑哉而近代猶間一舉行然謂眞者亦出其焉十室之邑必有忠信惟知之實難特志之云所先也

明

洪武元年詔令禮部行所屬選求民間經明行修賢良方正才識兼茂及童子之數

趙淵洪武元年有傳　錢宰以隱儒徵有傳　趙文儀二年鹽運使

徐伯辰三年　陸思義四年游六世孫工部員外

六年詔科舉暫停
令有司察舉賢才

郭傳七年考功郎中　宣溫九年參政有傳　宋璣十年上林苑監

金方十一年　黃忠十三年侍郎　黃禮十五年知府

永樂元年令內外諸司文職官于臣民
間有沉匿下僚隱居田里者各舉所知

羅友寧　錢綸二年御史　張禎遜二十年有傳

嚴援舉人材科知縣　徐光大正統十一年初之子長史見山陰

章璠十四年都御史　胡詮景泰四年州判　胡諧五年

沈璞天順二年性之子　章慈成化十七年瑄之子縣丞

徐鑰十九年光大之子訓導

二十年令
罷保舉

制科

浚山大澤之所產不可以類窮也制爲斧斤爲網罟以畋以漁恐不盡也復剖於石采於淵於是務毛金錫瑤琨篠簜以類而貢於庭其於所產之類而有人取之也或謁旌或設策唐宋取以詩賦經義恐不盡也復爲制科於是博學宏詞賢良方正材識兼茂以類而貢於 庭在 昔豫與竹箭等

唐康子元開元初中明經科秘書監有傳

宋
沈操淳化三年登賢良方正科仕
至御史糾劾權貴爲時所重
錢易景德三年見之弟光祿寺丞中賢
良方正直言極諫科終通判有傳
齊唐天聖中兩中制科終
職方員外郎有傳
錢明逸慶曆二年易之子殿中丞中材識
兼茂明于體用科附見彥遠傳
錢彥遠慶曆六年易之子太常博士中賢良
方正直言極諫科終右司諫有傳
顧臨皇祐五年中明經科賜九經
出身終學士知河南有傳
夏噩嘉祐二年明州觀察推官
中材識兼茂明于體用科
王俊宣和元年中詞學
兼茂科冀州教授
許蒼舒乾道五年左廸功郎廣德
軍教授中博學宏詞科

胡太初嘉熙三年中詞學科第一人

貢生

古者之學耕且養三年而通一經近代食以餼廩董以師儒所謂養之於譽望未隆之日用之於周容庶務之後者也既無廩餼之勞并其力於講習乃必幾二十年而及於貢即有恩選之典必過大慶然後舉行何也養之既厚取之極難也闇之樹人猶樹木也柱椽楣桷欄櫖枅櫨皆賴而用及時以采豈乏之異材哉雖然養士之意則獨厚矣

明洪武年

王延壽 十六年給事中　王會同 十八年推官　鄭興宗 知縣

葉昇 十九年主事　陳成 二十年教諭　史矩

章靖 二十二年主簿　陳理 二十四年主事　李牧 二十六年教諭

徐壽 二十七年　劉昱 經歷　王本道 府學二十八年主事

董麗 三十年　王雄 二十一年通判　陳肅 三十二年主簿

孟處中 三十三年　賞震 三十四年理問

永樂年

陳賢 元年御史　吳思齊　賀安 三年

周頤四年布政有傳　周得安五年縣丞　陳道生六年知州
趙克禮七年　謝霦八年學正　潘敬九年經歷
錢侃十年知縣　張順十一年經歷　錢驥十二年
丘壽十三年　許艮十四年　龔俔府學同知
范灝十五年員外　張定十六年吏部主事　姚勤十七年
王嶼十八年訓導　金貞知州　任玫二十五年同知
宣德年
史恂二年通判　賞璿五年同知　袁達知事
章敬府學　徐霦八年教授有傳　陳貞九年推官

范璇府學　鄭正十年經歷
正統年
盛曾元年　金讓二年訓知　孟欽三年知縣
施璋四年知縣　錢金府學　季春五年知縣
張猛紀善　王俊八年知縣　陳傑十年
錢巘　童瑛十三年府學郎中
景泰年
焦茂元年　傅潤二年　錢祚四年
王黼六年

天順年

陶博 府學知縣　董棟　張闢 三年經歷

袁徽 府學四川學正　陶懷 博之兄　董駿 都司經歷

馮則　張勉　嚴顒

周瑄　陶振　范鑛

余旺 八年訓導

成化年

邵峻 元年同知濂之孫　陳彪 二年訓導　章惟 四年府學通判

鄭曦 教授　張閑 六年訓導　胡福 府學理問

徐耕八年訓導彩之子　馬匡十二年教授　范琬十六年訓導

秦鑑二十年　王冕

弘治年

張雅元年　金灝府學教授　馬振三年訓導

沈珪五年教諭　傅濙七年訓導　汪濂八年府學紀善

孟韶九年訓導　秦鐸訓導　季翶十年府學駿之子

車侹份之兄　羅騏十二年訓導　錢鑌訓導

韓讓十五年封中順大夫　魯楨十六年　謝顥府學教授顯之弟

章槐十八年學錄

正德年

章文奩 二年訓導　章材 府學訓導繁之兄　章卓 三年府學教諭

周淵 四年紀善鑑之子　沈炳 訓導　章檀 五年訓導槐之弟

章尚和 雲南貢紀善　范燦 六年訓導　葉暠 八年訓導

范份 十年知縣　陶詩 十二年知縣　胡慶 府學教諭恩之弟

趙錦 十四年知縣　黃壤 武學教授　邵賢 十五年

章悊 十六年府學　吳价 教諭

嘉靖年 七年令天下歲貢五名內考選一名八年令天下歲貢通學考選一名至十五年止

范岡 元年　董本 府學教諭師道克舉居鄉尚義務施有古人風

倪實 二年教諭　陳九皋 知縣純之子　陶試 四年訓導

倪慰 訓導　邵文琳 六年　沈蒙

金堦 字允升知縣好學有操同馬堯相草邑志多考索功　章元宸 七年府學

徐綱 十二年　王俊 十三年縣丞　陶雲漢 府學同知

馮德容 十四年知縣文才儁拔尤工詩賦士類推之　秦倣 十六年訓導

馬呈泰 府學推官　章守道 十七年訓導　陶恭 府學訓導

馮文德 十八年　魯炫　章乾 二十年敬元孫

朱景祿 訓導　董頫 府學豫之孫　徐夢熊 二十二年府學教諭

馬堯相 晉之兄有傳　余瓘 二十三年府學　陳愷 二十四年教諭

陶廷奎二十六年武學訓導試之子爲人長厚以至誠待僚友以科條率諸士罔不敬服子承學貴贈禮部尚書

朱袍二十八年訓導　胡舒府學

徐夢麒夢熊弟訓導　錢翔三十年學正　陶天春三十二年訓導

陶師道教授　陶廷進三十三年訓導　朱元亮府學改名昇

黃鍾三十八年教諭　姚文泮府學訓導　龔嘶府學四十年

陸慎四十一年　章允和四十二年府學　章元組四十三年

沈樹府學　錢堯中四十四年府學　魯時四十五年

隆慶年

沈弘宗元年　陸宗儒二年　陳欽四年

沈悛 十八年

萬曆年

王德 元年　馮韶 二年　章繼省

陶玉　龔雲礽 提舉　章夢說

章士襄　陶允嘉　章元禮

陶安齡 副榜恩貢 通判　朱政 知縣　陳楷

李爲　汪簦　吳價

商爲臣　范紹裘 通判祀名宦鄉賢附舊　土鱗 同知

袁大鶴 三十五年 州判　沈雲中 大平縣學訓導　沈應禮 知縣

天啓年

周官 元年教諭　章正宸 恩貢　陸份 辛酉副榜恩貢

孟大禎 四年　錢節 六年　章元愷 七年

金綱 恩貢纂修實錄爲人孝友忠信篤老好學蠡纈續一編在手子燾癸卯經魁

張應朝 恩貢通判事母戴氏至孝妻朱氏亦以孝聞　周士昌 恩貢東昌府通判

崇禎年

王萬祚 知縣行取御史　俞應箕 元年　陳紹誠 恩貢

阮志純 三年　王敬承 五年　祝汝霖 七年

孫鰲 九年　賞奇璧 欽賜進士　王業澄

錢忠耿　錢履吉知州　沈濂貴州拔貢

錢象祖　陶濆副榜同知　錢長吉

李肇開府學九年詔鄉試拔貢四川廣元縣知縣　陶履卓肇開同榜癸未會魁

王中台十一年　金相十三年　祝汝樽十五年

史長春十七年　趙之蘭　胡士誇副榜恩貢以孝聞

沈士彥恩貢州判殉節　金國泰象山教諭　沈明輔湯溪教諭

李肇源壬午歷官延安知府多惠政道德爲世所重著有金明政略淮河治略析疑諸書

祝紹楣彥之孫　史應選櫕之孫知府　童欽堯壬午

皇清順治年

陸之甲二年　周懋龍四年　史在德恩貢

范祝　劉宗明恩貢知縣　葉廷樞府學恩貢

徐名世戊子拔貢　姜廷樾戊子副榜　傅列張

孟稱舜六年稱堯弟著有史法諸書及傳奇數種　馬世禎府學

魯夢泰七年府學　傅弘謨八年　傅列軫府學

陳朝侃恩貢知縣　龔元綬十年　陶士章甲午恩貢同知

王兆脩以寧子府學　陳堯典十二年　姜天權十四年

周祖儀府學　賞弘道十六年　顧恒十八年

范謌恩貢　董國政恩貢　任遵知縣

董邦政恩貢　姚楷知縣

康熙年三年停八年復

阮洪 二年　蕭正 九寺沅 儒士訓導　錢泉新 府學

劉天章 十一年　沈子毅 [illegible]學　章斐 十一年 恩貢

張文成 十三年　章顯仁 十五年 恩貢　章治 十五年

王洪建 十七年　劉請 十七年 副榜貢　陳炳文 十九年

董琦 二十一年

尉州

帝王創業類有攀鱗附翼之彥雲蒸霞蔚以相從焉誠希世而一遇也漢唐戰士題車增華故瀛洲之選遠勝鴻都之學秦王在座真氣滿戶牖九齡如嚮由此進矣

國朝立賢無方負大經濟者已加顯秩而一才一藝並彰于

聖世特載篇藝以志

皇清沈文奎有傳

張尚都御史

祖重光本姓王巡撫

嚴我公　春詔招撫加都御史實授戸部郎中權關許墅疏除扶樞之稅人皆感之陞知府

李肇源　知府　張學曾　副榜知府　陳士性　知州

謝祖悌　驛傳道　季璜　同知　錢應震　中書舍人

胡世美　通判　魯超　羅京　同知

劉孔學　通判　姚楷　知縣　陸舜臣　知縣

阮振益　知縣　孟繼美　知縣　任懋義　知縣

范楨　知縣　金夢發　知縣　金鎰　知縣

徐化成　字文侯丁亥恩貢由廣東參布政遷河南左布政歷湖廣巡撫所至有異績

會稽縣志卷第十九終